地球経済のまわり方

浜矩子 Hama Noriko

★――ちくまプリマー新書

213

目次 ＊ Contents

プロローグ　風が吹けば桶屋が儲かる……7

第一章　経済を動かすもの、働かせるもの……14
1　経済活動の黄金の正三角形
2　経済活動の大波小波
3　物価が上がる時、物価が下がる時
4　経済は生かすも殺すも金融次第

第二章　モノやお金が国境を超えるとき……54
1　米も醤油も道を渡れば貿易になる
2　通貨と経済：犬とシッポの奇妙な関係
3　経済政策、それは卵とさそりの鑑定術

第三章　痩せるニッポン……89
1　日本の経済三角形
2　「失われた一〇年」の悲劇
3　フローの日本からストックの日本へ
4　いよいよ狂う政策の鑑定眼
第四章　グローバル・ジャングルの住人たち……123
1　かつての王者、今は何者？　〜アメリカはいずこへ
2　一人は一人のため、皆も一人のため？　〜分裂する欧州経済
3　新種の住人たちの生態は？

第五章　グローバル・ジャングルの全体図……161
1　グローバル・ジャングルの履歴と歴史的位置づけ
2　グローバル・ジャングルの基本構造とその危機的現実
3　グローバル・ジャングルの内なるよそ者たち
エピローグ　グローバル・ジャングルの住人基本心得……188

イラスト●飯箸薫

プロローグ　風が吹けば桶屋が儲かる

◆経済は謎解きだ

この筆者はエコノミストである。経済の世界はともかく面白い。経済学を退屈な科学だという向きもある。みずから自嘲《じちょう》的にそんな言い方をするエコノミストもいる。だが、筆者にはその心境が解らない。経済に通ずる者は世界を制す。そう考えている。なぜそうなのかを、是非とも読者にお伝えしたいと思うのである。だまされたと思って、お付き合い頂ければ嬉《うれ》しい限りだ。

実をいえば、筆者は中学二年生の時にエコノミストになることを決意した。といっても、当時はまだエコノミストという言葉を知らなかったし、そもそも、この言い方が今日ほどに市民権を得ている状況でもなかった。だから、要は経済というテーマに関わる全てのことをマスターしたい、経済の専門家になりたいと思ったという方が正確だ。

それには理由がある。ある日、社会科の授業の時に、先生が「イギリスが自国通貨のポンドを切り下げた。その理由と結果はこうこうだ」と説明してくれた。中学一年の夏までイギリスに住んでいた筆者にとっては、大いに関心のある話題だったから、一生懸命に聞き入った。すると、これが何とも面白い。ポンドを切り下げるとなぜイギリスは得をするのか。逆にポンドを切り上げると何が起こるのか。まるでよく出来た推理小説の最終場面、謎《なぞ》解きのくだりを読んでいるようだった。目の前の霧がサアーッと晴れていくような快感があった。

ポンドとイギリス経済との浮沈の関係にこんな謎解きがあるならば、経済の世界にはほかにも面白い謎解きがもっと色々あるはずだ。それを全部知り尽くしたい。ゆくゆくは、人がまだ解いていない謎を自分で解き明かしてみせたいものだ。その思いに駆り立てられて、筆者は経済の道に進むことを決意した。

◆因果の連鎖をたどっていけば

念願かなって、大学で経済を勉強することになった。すると、子供の頃から聞き知っていたある言い方が繰り返し頭に浮かんで仕方がない。それは、「風が吹けば桶《おけ》屋が儲《もう》かる」という日本のことわざである。

いまどきは、桶屋といわれてもピンとこない読者が多いだろう。ちなみに、黒澤明《くろさわあきら》監督の珠玉の快作、映画「用心棒」に桶屋が出て来る。三船敏郎《みふねとしろう》扮する賞金稼ぎの浪人が、意表をつく頭脳プレーと手さばきで迫り来る敵方三人をやっつける。折しも、その場に居合わせた桶屋に向かって彼はいう。「おい、桶屋。棺桶二つ……いや違う。三つだな」。

水であろうと死体であろうと、入れ物を提供するのが桶屋の商売である。

その桶屋が、風が吹くとなぜ儲かるのか。そのからくりは以下の通り。風が吹けば砂ぼこりが立つ。砂ぼこりが立つと、それが目に入って失明する人が多くなる。盲人が増えると三味線が売れる。なぜかといえば、耳がよくて手先が器用なら、目がみえなくても三味線弾きとして生計を立てられるからだ。三味線が売れると猫が減る。三味線の皮には猫の皮を使うからである。今なら動物愛護協会に提訴されるが、これは昔話だ。猫が減ればねずみが増える。増えたねずみは桶をかじる。かじられた桶は使い物にならない。だから、どの家も桶を新調しなければならなくなる。かくして桶屋は注文が増えて大忙し。大儲《もう》けで笑いが止まらない。大風様々の桶屋である。

このように、理詰め理詰めで追い込んでいくと、強風と桶屋の業績という一見したところでは全く無関係にしか思えない二つの事柄が、ものの見事に因果関係でつながってしまう。経済の世界がまさしくこれだ。

遠く離れた中東の地で、アラブ人とイスラエル人との宗教戦争に火がつけば、日本でトイレットペーパーが不足する。一九七三年第四次中東戦争のことである。アラブ側は武力行使と同時に自分たちの輸出する石油の価格を四倍に引き上げた。最も厳しい状況に追い込まれたのは日本である。輸入原油がほぼ唯一のエネルギー源だったからだ。しかも、思いもかけない生活必需品が石油無しで作れないことが判明した。それがトイレットペーパーである。日本中が、トイレットペーパーの買占めパニックに覆われた。

この手の話は枚挙にいとまがない。地球の裏側で起こった出来事が、人々の日常に大きな影響を波及させていく。それに対する人々の反応がまた、新たな経済効果を生み出して地球の裏側に跳ね返っていく。今日のような地球経済時代ともなれば、この因果の連鎖はますます複雑で多様な形を取ることになる。

因果の連鎖の勘所はどこなのか。解きほぐしていくべき糸の先端は、どこにあるのか。

それを見極めることが、まずは真理究明への第一歩だ。そこから先は細心にして大胆な推理力がものをいう。風と桶屋、戦争とトイレットペーパー騒動。これらの不可思議な方程式に理路整然たる解答を出すところに、経済分析の醍醐味《だいごみ》がある。無関係そうなもの同士を関係づけるカラクリや仕組みを謎解きしていく快感において、経済学に勝るものはない。

◆エコノミストの三種の神器

ただし、ここで気をつけなければならないことがある。風と桶屋、戦争とトイレットペーパー騒動、それぞれの因果関係を見極めようとする努力の中で、理路整然と間違ってしまったらどうするか。風と桶屋との関係づけも、理路整然風ではあるが、実は多分にこじつけだ。推理小説の中でこれをやると、もっともらしい理屈の流れで、無実の人を犯人だと極《き》めつけて、濡《ぬ》れ衣《ぎぬ》を着せることになってしまう。

エコノミストがこれを避けるには、どうするか。そのための三種の神器が実はある。第一に、基本に忠実であることだ。第二には、良きエコノミストたるための必要条件を満たしていなければダメである。そして第三に、良きエコノミストたるための十分条件も満たしていることが肝心だ。

基本については多言を要しない。基本無くして推理は出来ない。だが、基本があっても推理が間違うことはある。それは他人がやること、他人が言うこと、他人が信じていることに惑わされ、追随してしまう場合である。この誘惑には、相当に抗し難いものがある。人間は社会的生き物だから、どうしても大勢の赴くところに引きずられる傾向が出てしまう。

この誘惑に対する特効薬が、良きエコノミストに備わっているべき必要条件だ。これがまた三つある。第一に独善的であること、第二に懐疑的であること、そして第三に執念深いことである。独善的とは、すなわち、いつも自分は絶対に正しいと信じてやまないことである。懐疑的とは、自分以外の人々はいつも必ず間違っていると確信すること。そして執念深いとは、要するに絶対に敗北を認めないことである。これだけ揃《そろ》っていると、多数意見に引っ張られて事態を見誤ることはかなりの程度まで回避できる。

だが、これが全てではない。独善的で懐疑的で執念深いということだけでは、ただのひねくれ人間だ。性格が悪いだけでは、エコノミストとしてやっぱり失格だ。十分条件として、真実を見極めようとする情熱と真摯《しんし》さ、そしてすぐれた歴史感覚を併せ持っていなければいけない。

エコノミストの三種の神器を取り揃えるのは、正直なところなかなか難しい。だが、それらを求めての探索の旅は、とっても楽しいと筆者は思う。この楽しい旅を、読者とともにしたいと思う。

そういうわけで、以下の本編では、まず第一章で三種の神器その一の基本に関わる部分をおさえておきたい。その上で第二章から第四章では、日米欧という世界の奇妙な三兄弟について、その経済実態をエコノミストの必要三条件を駆使しながら考えてみよう。

基本をマスターしたところで、応用篇への挑戦だ。そして最後、第五章においては、二一世紀の地球経済を展望しながら、エコノミストの十分条件をしっかり満たすまとめで締めくくろうと目論《もくろ》んでいる。細工は流々仕上げを御覧《ごろう》じろである。二〇一四年エコノミストの旅、ちょいと長旅、苦労もあるが、是非ともご一緒頂きたい。

第一章　経済を動かすもの、働かせるもの

1　経済活動の黄金の正三角形

◆成長と競争と分配

経済活動とは、そもそも何か。それは三角形で表されると筆者は思う。経済活動という名の三角形の三辺を構成しているのが、成長と競争と分配という三つの要素である。成長をいいかえれば雇用創造、競争をいいかえれば強者生存、分配をいいかえれば弱者救済だ。

経済が成長するとは、どういうことか。紋切り型にいえば、要するにそれは経済活動の規模が拡大することを意味している。今年の日本の経済成長率は〇〇%だった、というい方をよくする。その場合、いわんとしているのは、今年の日本経済の規模が去年

に比べて〇〇％大きくなったということだ。今年の日本経済の規模が五〇五兆円で、去年は五〇〇兆円だったとすれば、去年から今年にかけての日本の経済成長率は一％である。

経済活動の規模が拡大するとは、どういうことか。これにも色々な側面があるが、最も基本的には、経済が拡大するというのは、人々の仕事が増えること、つまり雇用創造を意味している。より多くの物を生産するようになれば、そのためにより多くの人手を要する。したがって、成長率の高い経済はより多くの雇用を創造し、より多くの人々に働く機会を提供することが出来る。

もっとも、人手を増やさないで生産量を増やすことも実をいえば可能だ。いままで一時間に一台のパソコンを組み立てていた人が、一時間に二台仕上げられるようになれば、一時間当たりのパソコン製造量は二倍になるが、人手は全然増えていない。

だが、このやり方があまり一般化してしまうと、結局のところ、経済全体はあまり成長しなくなる。なぜなら、人手が増えないということは、働いてお金を稼ぐ人が増えないことを意味するからだ。お金を稼いでいなければ人は物を買わない。物を買う人が増えなければ、沢山物をつくっても売れ残るだけである。だから、生産は拡大せず、経済は成長しないことになる。その意味で、成長と雇用創造は本質的なところで切っても切れない関係にある。

◆競争のもつ意味

競争とは何か。競争すれば勝ち負けが決まる。勝つのは必ず強い者だ。強い者が勝ち残るのが競争原理というものである。この競争原理がしかるべく働かないと、経済活動の調子は狂う。何事もそうだ。野球でも、弱い選手を一軍に入れていたのでは試合に勝てない。試合に勝てなければ、じり貧だ。人気は落ちるし、スポンサーにもそっぽを向かれる。さえない状態が続けば選手の士気もどんどん落ちて、ますます試合に勝てなくなる。本来は強い選手もやる気は出ないし実力も出ない。そのうち、実力も低下する。かくして完全に悪循環だ。

経済も全く同じだ。強い者が伸び伸びと活躍出来る経済は全体として元気がよくなる。儲かる企業、稼ぎのいい人が沢山いれば、彼らはそれだけお金を使って物を買いもする。

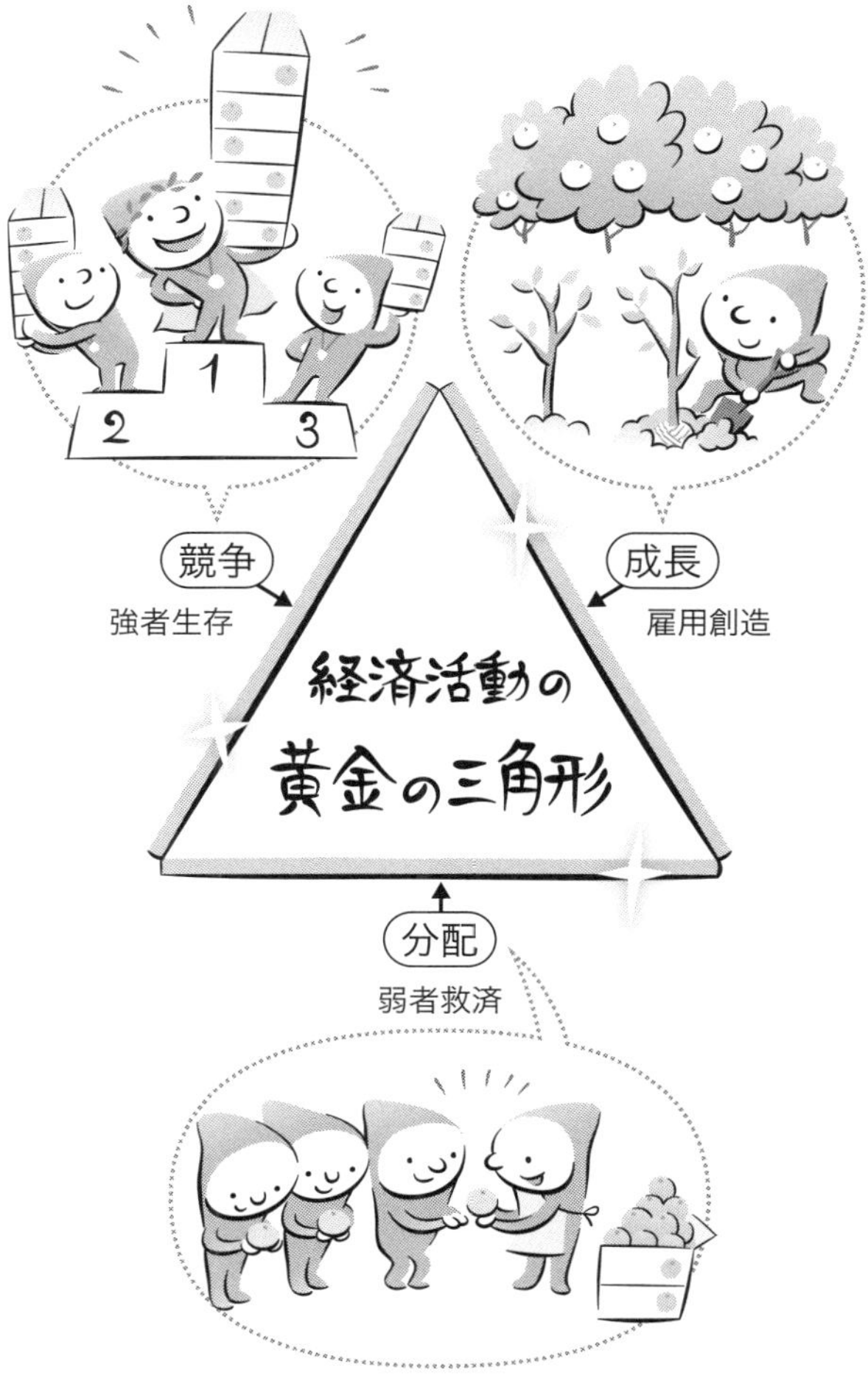
1
2
3
競争
強者生存
成長
雇用創造
経済活動の
黄金の三角形
分配
弱者救済

彼らの要求に応えて生産も増えて、経済は成長し、雇用機会も拡大する。

だが、強い者がその強さを発揮することを阻まれると、経済活動はどうしても停滞する。稼ぐべき人々が実力相応に稼げなければ、他の人から物を沢山買ってあげることは出来なくなる。やる気をなくし、ゆとりもなくして創意工夫が減退する。ゴルフ界のスーパー・ヒーロー、タイガー・ウッズが、あんたは強すぎるから目隠しをしてプレーしろといわれたら、どうなるか。天才はそれでも強いかもしれないが、それにしても一〇〇%の力は出せない。むなしいからやる気が出ない。稼ぎは落ちる。タイガーのスーパー・ショットが見られなければ、ゴルフそのものから人々が離れて、沈滞ムードに陥ることとなってしまう。人気者あってのゴルフ、強者生存がきちんと機能しての経済活動だ。

◆情けは人のためならず

分配とは何か。それは分かち合いだ。富める者から貧しき者に、経済成長の果実を分け与える。それによって、競争に負けた人々にも生存の余地を提供していく。経済活動といっても、要は人間の営みだ。ひたすら冷酷無比に強者生存の競争原理ばかりを振りかざしていたのでは、人間らしい社会は形成されない。人間の能力は多様だ。競争に勝つことばかりが能ではない。多様な能力を取り込んで、活かしていくことが出来なければ、そのような経済の活動は必ず行き詰まる。

さらにいえば、弱者の存在は、彼らを対象とするサービスという形で、新たな経済活動を生み出していく。介護や医療の世界で一花咲かせようと思っている企業にとっては、高齢者や障害者が大事な大事なお客様だ。

弱者に対してあまり冷酷無比一辺倒を貫いてばかりいると、とんでもないしっぺ返しを被ることもある。全国の弱者・貧者・失業者が団結して立ち上がれば、それは革命だ。強い者たちも、革命によって社会がマヒし、競争で実力を発揮する土俵そのものを奪われてしまえば、ひとたまりもない。情けは人のためならず、非情はわが身の落とし穴である。

復習しよう。成長＝雇用創造。競争＝強者生存。分配＝弱者救済。これらの三辺が組み合わさって、経済活動の三角形が出来あがる。いずれの辺が欠けてもまずい。競争がないと、強い者がやる気をなくす。分配がないと、弱い者が不平をいう。成長がないと、みんなが不満だ。

競争なき分配経済が純粋社会主義経済だ。強い者も弱い者も、皆同じ扱いを受ける。いくら一生懸命に働いても、人より豊かな暮らしは出来ない。いくら人より有能でも、人よりたくさんの報酬は得られない。成長の果実は能力のいかんを問わず平等に分配される。だから、さしあたり誰《だれ》も餓死する心配はない、だが、どんなに実力があっても、酒池肉林《しゅちにくりん》の大宴会を楽しむ機会に恵まれる人はいない（ことがタテマエになっている）。このような状態におかれると、強者たちは欲求不満で一杯になる。そして、やがては諦《あきら》めの境地に陥って弱者の仲間入りをしてしまう。

分配なき競争社会が純粋資本主義経済である。成長の果実は強い者が集中的に掌握してしまう。儲かる企業はその利益を使って事業をどんどん拡大し、ますます利益を増やしていく。稼ぎのいい個人は稼いだお金を投資に回して、お金にお金を稼がせる。こうして、競争力のある者は、豊かさが豊かさを生む好循環を謳歌《おうか》する。

一方で、競争力のない者は豊かさの中の貧困を嚙《か》みしめる。貧しき者は体力も落ちるし、教育も受けられないから知力もつかない。これでは、競争に勝てるはずがない。競争社会とは、誰にでもチャンスのある社会だという。ある程度まではその通りだ。だが、あまりにも出発点での条件に開きがありすぎれば、そうはいかない。マラソンのゴールド・メダリストと、座って理屈ばかりこねているエコノミストが長距離レースで競い合っても結果は自明だ。参加するところまではエコノミストにもチャンスがあるが、そのチャンスに賭《か》けて勝負をかけるのは、端的にいって自殺行為だ。

貧しき者にチャンスなく、チャンスなき者はさらに貧しくなる。強者はどんどん豊かになり、弱者はどんどん貧していく。両者の間の格差は拡大する一方となる。この歯止めなき格差拡大が、分配なき競争経済の怖いところだ。

◆新約聖書をひもとくと……

弱い者が不平をいう競争経済と、強い者がやる気をなくす分配経済との関係が、新約聖書の中の一節にとてもよく示されている。神の国を果樹園に見立ててキリストが弟子たちに語ったたとえ話で、新約聖書のマタイ伝（二〇章第一節—第一六節）に登場する。

聖書の教えを俗な経済の世界に適用する不埒《ふらち》には気が引ける。だが、経済活動が人間の最も人間的な営みの総体であることを考えれば、そこに万物の創造主である神の力学が働いていておかしくはない。

とある果樹園の主《あるじ》が収穫のための労働者を募る。呼びかけに応えて集まって来た人々の中には、朝一番に駆けつけた者もいれば、夕刻になって小一時間ほどのお手伝いに出向いた者もいた。一日が終わり、労働者たちはお給金を貰《もら》おうと主の前に列をなす。まずは、夕方になってやってきた超短時間労働組に一デナリの手間賃が払われた。しからば、朝から来ていた人々にはいくら支払われるのだろう。そう思って皆が注目していると、彼らにもやはり同じ一デナリが手渡される。そんなバカなと怒る終日労働組に対して、果樹園の主がいう。「私は何も不正なことをしていない。あなたたちには約束通りに一デナリ支払った。私はほかの人たちにも、あなたたちと同じように支払ってやりたい。私が自分のカネを自分が使いたいように使ってどこが悪いか」。

かくのごとく、先なる者が後になり、後なる者が先になる。それが神の国だとキリストはいう。最初からいる者が一方的に既得権益を享受するとは限らない。

後なる者でも、実力があり有能であれば、働いた時間は短くても成果に見合った報酬が得られる。その意味で神の果樹園には競争原理が働いている。実力主義の世界である。だから、後から来た者たちは、果樹園の主の計らいに喜んだ。かたや、実力がどうあれ成果がどうあれ、先に来てさえいれば、後発者より報酬が多く貰えると思っていると、果樹園の主のやり方が不当にみえる。

もっとも、このたとえ話には、筆者のそれと全く正反対の解釈もある。現に、我がフランス人の友人に以上の解釈を披露したら、猛然たる反論を受けた。フランス人だから、人がいうことに何はともあれ同意しないのには驚かない。だが、その論法には驚いた。大いに考えさせられた面もある。

後なる者が先になる。そこに、筆者は競争原理の健全性を見出した。ところが、我が友は先なる者が後になるところに分配の論理の福祉性をみていたのである。先なる者にたくさん給料を払ってしまえば、後に来る者はそれだけ分け前が少なくなる。それを許さず、貢献度のいかんを問わず、全ての人を平等に取り扱う。競争原理が生み出す格差を放置しない。そこに分配の論理をもって介入することで、公正な社会を成立させる。

それが、神の果樹園の仕組みなのだと、我が友はいう。

彼も筆者もカトリック信者である。その二人が、経済という共通の土俵をめぐって、聖書の教えるところを正反対に解釈していた。それに二人とも驚いた。だが、よく考えてみれば、そこが神の果樹園の神の果樹園たる所以《ゆえん》だろう。

柔よく剛を制する世界が好きな筆者は、たとえ後なる者と言えども、先なる既得権益保持者を追い抜くことが出来るというところに着眼して、納得した。大陸欧州流の福祉と予定調和の世界に住み慣れた友人は、先なる者が後になる神の果樹園にこそ、弱者救済の原点ありと納得している。お互いに人間だから、それぞれに神の国の一つの側面しかみえていない。だが、そこには立派に競争と分配の双方が共存していたのである。それだけではない。果樹園の主は、朝な夕なに労働者を募ることによって、多くの人々に対して雇用創造の恩恵を施している。かくして、神の果樹園においては、常に経済活動三要素、成長と競争と分配とが立派に共存しているのである。

それが、理想の状態だ。いずれが欠けても、経済活動の三角形は成り立たない。さらに理想的には、成長と競争と分配の三辺が、それぞれ同じ強度、同じ長さをもっていることが望ましい。その時、経済の三角形は正三角形になる。経済活動の黄金の正三角形が出来上がる。これが究極の理想郷だ。

現実の世の中において、黄金の経済三角形はなかなか見当たらない。いずれかの辺が短過ぎたり、長過ぎたりで、いびつな形になっているのが普通である。国によって、地域によって、それぞれに特有の形の三角形がある。同じ国でも地域でも、時間の経過とともに、経済の三角形は形を変えることがある。ある時、ある場所で成り立っている経済の三角形が、どんな形になっているのか。それを見極めることが、経済分析の重要な役割だ。あまりにもいびつな三角形である場合、その形を矯正するのが、経済政策の役割だ。もっとも、往々にしてまずい経済政策のせいで三角形がいびつになるから、始末におえない。そんな経済政策をとことん批判するのが、エコノミストの最も重要な役割である。

2　経済活動の大波小波

◆経済活動は狼男？

アメリカの小説家にスティーヴン・キング（Stephen King）という人がいる。恐怖小説家である。血も凍る彼の作品群の中に「狼《おおかみ》男の一周期」（Cycle of the Werewolf）というのがある（邦訳名『人狼の四季』、風間賢二訳、学研M文庫）。イラスト入りの小品だ。アメリカ北東部、ニューイングランド地方の寒村を舞台に、四季を通じた狼男の血生臭くて、そしてなぜか悲しい足跡を辿っている。

ご存じの通り、狼男の活動周期は月の満ち欠けに規定される。新月の時、ごく普通の人間だった男が三日月から上弦の月、そして満月へとお月様が辿る足取りに合わせて次第に人食い狼へと変身を遂げていく。満月の晩に彼に出会えば、運のつきである。十五夜過ぎて月が欠け始めれば、狼男の一周期も下降局面に入る。お月様の痩《や》せ加減に歩調を合わせてただの男へと戻っていく。かくして、狼男の変身サイクルは完了だ。

経済活動にもサイクルがある。絶好調と最低調との間を行ったり来たり、循環運動を繰り返す。ただし、狼男の変身サイクルはたった一種類、月の満ち欠けに従って進行するタイプしかないが、経済活動の波には三種類ある。小波、中波そして大波である。

小波を在庫循環という。企業は、売上げが伸びそうだと思えば品物の仕入れを増やして在庫を多く持つようにする。ある企業の仕入れが増えれば、その企業に商品を納入している企業も、流通業者であれば自分の在庫を増やすし、メーカーであれば生産量を増やしていつでも追加注文に応じられるよう待機する。こうして、経済活動は全体として上向いていくことになる。新月から十五夜に向かう、人から狼への変身過程と同じである。満月の夜に向けてどんどんとパワーが盛り上がっていく。

だが、経済活動も狼男と同じで、ピークを過ぎればパワーが落ちる。調子に乗って在庫を増やしていると、いつかは売上げの伸びが在庫積み増しのペースに追いつかなくなる。どんな人気商品でも、欲しい人の手にひと通り行き渡ってしまえば、そこから先は売れ行きも下り坂だ。お得意先の企業が倒産でもしようものなら、どんなに出来のいい製品をつくっているメーカーでも引き取り手のない在庫を抱えて真っ青になる。こうなると、今度は誰もが在庫減らしに躍起になるから、経済活動はどんどん下火になっていく。満月から下弦の月へと、お月様がどんどん痩せ細っていくプロセスだ。

こうして、経済活動は誰もが懸命に在庫を積み上げることによる拡大過程と、誰もが必死で在庫を減らそうとする縮小過程の間を行ったり来たりする。狼男の変身循環は陰暦のサイクルに従って二九―三〇日で完了するが、在庫循環が一巡りするには、およそ四〇カ月つまり三年ちょっとかかるというのが、これまでの通説だった。これからもそうかどうかについては、後述しよう。

ところで、経済活動のサイクル運動を景気という言葉で語るのはご存じの通りだ。経済活動が最も落ち込んでいる時、すなわち狼男にとっての新月の時を景気の谷、経済活動の絶頂期、つまり狼男の満月の時を、景気の山という。谷から山に向かう過程が景気回復ないし拡大期、山から谷への下り坂が景気後退期である。こうして、景気は循環する。

通常、景気循環という言い方をする場合には、だいたいにおいて在庫循環を念頭においている。だが、前述の通り、経済活動には在庫循環という小波に加えて、中波と大波がある。中波が設備循環、大波が技術循環だ。

設備循環の考え方は、簡単にいえば、これは企業の設備投資が概《おおむ》ね一〇年に一回、大きく盛り上がるという発想に基づいている。一〇年ごとに満月を迎えるサイクルだ。企業が一度まとまった設備投資をすると、そこで設置された機械設備の寿命がだいたい一〇年だから、一〇年後には古くなった諸々《もろもろ》の装置を取り替えるための設備投資が盛り上がる。そこで、ある年に多くの企業が多くの設備投資をしていれば、その一〇年後に次の投資の山が来るというわけだ。企業の投資が盛り上がれば、機械が売れるし部品も売れる。機械工の仕事も増える。誰もが商売繁盛で、経済活動が全体としても満月時を迎えることになる。かくして、経済活動、一〇年周期の中期波動が出来上がる。

同じような発想で技術革新の周期的な盛り上がりが経済活動のサイクルを規定するというのが、技術循環の考え方だ。この波はとてつもなく長くて、五〇―六〇年での一巡りを想定している。変身にここまで時間がかかると、狼男もいささか辛《つら》いところだろう。実際の経済活動と景気変動は、以上の小波・中波、そして大波が重なり合い、交錯し合っての「複合循環」として進行するというのが、学者たちの世界経済観である。

◆狼男サイクルとの違い

ここで気をつけておくべきことが一つある。狼男の変身サイクルは運命的・不可避的・普遍的だ。だが、そこへいくと、経済活動の小波・中波・大波はあくまでも経験則だ。何が景気を良くしたり悪くしたりするのか。そこに作用している要因はどんなものなのか。それを懸命になって考えて、過去のデータを綿密に分析する中で、先人たちが抽出してきた統計的発見である。在庫増減や設備投資ブーム、技術革新の消長が経済活動の浮き沈みを左右することは間違いない。ただ、浮き沈みの周期は狼男サイクルのように完全無欠の規則正しさで巡りはしない。戦争があろうが天災があろうが、狼男の変身サイクルは月の満ち欠けのペースが狂わない限り正確無比だ。突然お月様との縁が切れて、ほかのものの循環運動に規定されるようになるなどということもない。

だが、経済活動は人間の営みだから、そうはいかない。時が流れ、環境が変わり、人の発想が変遷すれば、景気変動のペースも波の高低を規定する要因の組合せも変化する。大原則には変わりがないとしても、狼男の場合のように、時空を超えて一定不変というわけにはいかない。

在庫循環一つをとっても、その長さも振幅も、そもそも在庫循環という反復運動そのものの存在が在庫管理技術というもののレベルによって大きく変わる。例えばアメリカである。かつてのアメリカでは、まるで絵に描いたようにはっきりと、在庫循環型の景気変動を統計上で検証することが出来た。

確かに、あの広大な大地の中で人に物を売って商売していれば、どんなに注文が増えても応じられるように、たっぷり品物を倉庫に積んでおかなければならない。それをしていなければ、在庫が潤沢な競争相手にお客さんを取られてしまう。需要が盛り上がっている時には、品物をもっている者が勝利を手にする。みかん船で大儲けした紀伊國屋文左衛門がその好例だ。

だから、経済の状態がいい時には、アメリカ中でどんどん在庫が積み上がり、小売業者の在庫投資が卸売業者の在庫投資を呼び、それがまた製造業による製品のつくりだめを呼ぶ形で、在庫サイクルが力強い上昇の弧を描くことになる。だが、誰もがその調子でジャンジャン倉庫に物をため込んでいたその矢先、取り引き相手が倒産したり、戦争でも起きたりして注文がばったり途絶えたらたまったものではない。品物は余るし、売上げが無くなってしまうから仕入れ先への支払いも出来ない。仕入れのために銀行から借金をしていれば、その返済にも窮することになってしまう。最悪の場合は夜逃げするしかない。在庫過剰倒産である。こうなると、商品の納品先に倒産された企業、借金を踏み倒された銀行も我が身が危うくなる。かくして、今度は在庫循環の下降局面が情け容赦なく米国全土を打ちのめす。

◆大波小波は時代とともに変わる

こうして、寄せては返す在庫循環の波に乗り、戦後アメリカの景気は浮沈を繰り返して来た。ところが、最近になって、この在庫循環の波が従来ほどには判然としなくなっている。それはなぜか。答えはインターネットの普及なのである。インターネットで結ばれた情報網を利用すれば、何も、自分の倉庫に商品を山積みにしておかなくても、いざという時、どこの誰に注文を出せばいいかがリアル・タイムで常に把握可能だ。輸送業者の手配にしても、ネット上でのコンタクトが出来上がっていれば、即時ＯＫである。

かくして、ＩＴ（Information Technology）革命がアメリカにおける在庫循環の運航力学にそれこそ革命的な変化をもたらしている。

ちなみに、日本ではＩＴ革命騒ぎが盛り上がるかなり以前から、在庫循環に変調が起きていた。ともかく無駄を省き、大量に在庫を持つことによるコスト負担を軽くしたい一心で、日本企業は早くから在庫管理技術の向上に懸命になって取り組んできた。そうした努力の大いなる成果の典型が、トヨタ自動車が開発したいわゆる「カンバン方式」である。コンビニの在庫管理などは、いまやほとんど神業のようなもので、いつでも出来たてのおにぎりが店頭に並ぶようになっている。

ことほどさように、経済活動を規定する大波小波は時代とともに、人間の英知の発達とともに変化する。設備循環についてもそうだ。確かに、かつてはある時点で大型コンピュータを導入すれば、その後一〇年はその機械に活躍してもらっていればそれでなんとかなっていた。だが、いまや、パソコンの寿命ほど世の中に短いものはなくなっているといっても過言ではない。マイクロ・コンピュータ組み込み型の製造装置だって、次々と新鋭機種が登場して、今日の新品は明日のポンコツだ。一〇年に一度しか設備を更新していないのではとても大競争の中で勝ち残っていけはしない。

技術革新の長期波動についても、全く同じことがいえるはずだ。五〇年だった技術の波が突然五年で一巡するようになることはないとしても、寸分の狂いもなく同じサイクルで技術革新の山と谷とが巡ってくるという保証はどこにもない。

これだから、エコノミストの仕事は大変だ。経済活動のカラクリや成り行きを見定めることは、狼男の満月アタックを回避するよりも遥かに難しい芸当なのである。だがしかし、だからこそ、経済の世界は面白い。風と桶屋を結びつける因果の連関には、時が変わり所が変われば、それによって変わる部分がたくさんある。だが、そこには決して変わらない力学も、また働いている。時空とともに、変わり行くものと変わらざるものとの見分けが肝要だ。その上手下手がエコノミストの眼力を決める。

3　物価が上がる時、物価が下がる時

◆インフレ病とその症状

「インフレとの戦いは道義上の戦争に等しい」。第三九代アメリカ大統領、ジミー・カーターの言葉である。カーター氏の任期は一九七七年から一九八一年だった。『アメリカ大統領年鑑』（The World Almanac of Presidential Facts, Lu Ann Paletta & Fred L. Worth, The World Almanac, New York, 1988）に、「カーター氏は在任中のアメリカ経済の状態の悪さと、インフレ率の高さに関して幅広く非難を浴びた」とある。

インフレーションとは何か。物の値段が上がることだと考えられがちだが、厳密にいえばそれは違う。経済がインフレ状態にあれば、確かに物の値段は上がる。だが、インフレでなくても、物の値段が上がることはある。トレーディング・カードの値段はなぜ跳ね上がったか。キャラクターグッズ一個を手に入れるのに、何万円払ってもいいと思う人がたくさんいたのはなぜか。売れっ子スターのコンサートで、ダフ屋がしこたま儲けるのはなぜか。いうまでもなく、こうした一逭の物の値段を押し上げているのは人気という要因だ。経済全体としてみれば別段インフレ状態になくても、ヒット商品の値段は上がる。

特に人気があるわけでなくても、人が生きていくのにどうしても必要な物資が不足すれば、その値段はやっぱり上がる。石油がそのいい例だ。石油が死ぬほど好きだという人は誰もいないだろう。だが、車を走らせるにも、暖房をするにも、工場を稼動させるにも、どうしても石油は必要だ。だから石油が足りなくなると、その値段は跳ね上がる。

こうして、特定の商品に人気が集中したり、特定の物資が不足してその値段が上がっても、それはインフレとは違う。インフレ経済の下では、人気商品である・なしのいかんを問わず、全ての物の値段が上がる。一般物価、つまり物価全般が上昇している経済をインフレ経済という。一般物価というものの計り方は色々ある。例えば、小売段階で消費関連物資の価格を加重平均方式で総合したのが消費者物価、製造業者と流通業者、あるいは流通業者間の転売価格を総合したものが卸売物価だ。この種の総合的な物価指数の上がり方がどんどんスピード・アップしていくようになると、その背後にはインフレありと考えていい。

要するに、物価上昇は症状であり、インフレがその症状をもたらす病気そのものだ。しかも、ある特定商品の値段が集中的に上がっていても、それはインフレ病の症状ではない。インフレの尺度はあくまでも物価全般だ。

そこで、話をカーター政権下のアメリカに戻そう。彼の任期を通じて、アメリカの消費者物価は毎年平均およそ一〇％のペースで上昇した。これは、確かに、なかなか大変なインフレ率である。それまでは、アメリカの消費者物価といえば年間せいぜい二％から三％程度しか上昇しないのが普通であったから、この数字は人々を愕然《がくぜん》とさせた。そこで慌てたカーター氏、「インフレとの戦いは道義上の戦争に等しい」と力んだわけだが、結局のところは効果的な対策を打つことが一切出来ず、インフレと大統領との攻防は大統領側の惨敗に終わった。

カーター大統領はまじめ一本、真実一路、ひたむきなバプティスト信者である。「インフレとの戦いは道義上の戦争」といういい方は、いかにもそんな彼らしい。経済と道義や倫理の観念に共存の余地があるかどうかという点については、実をいえば、それこそいささか宗教論争めいた議論がある。競争と淘汰《とうた》が経済の基本原理なら、そこに道義もくそもあるかという考え方もあれば、そんな無節操さは許せないという発想もあるのだが、それはさておき、実際問題として、インフレ経済化が嵩《こう》じていくと、その中で人々の生活は次第次第に調子が狂い、ついには壊滅的な打撃を被ることとしばしばだ。その意味で、道義上インフレの昂進《こうしん》を放置するわけにはいかないという主張には、それなりの説得力がある。

◆浮かれ気分になるわけ

インフレはなぜ怖いのか。端的にいえば、人間に平常心を失わせるからである。インフレ経済になると一般物価が上がる。だから人々の生活は苦しくなるが、それでもインフレ経済の下では、存外、皆暗い気分にならないものだ。インフレ状態の中では、それなりに明るい顔をしている人が多い。

なぜかといえば、インフレになると物価も上がるが、同時に賃金も上がるからである。インフレの下では企業の売上げは大きく伸びる。前年と同じ数の商品しか売れなくても、カーター政権下のアメリカのように物価が前年比で一〇%ずつ上がっていけば、売上げも確実に年々一割は伸びるわけだ。そんな状態であれば、さほど無理せずに賃金も引き上げることが可能になる。それにもかかわらず賃上げを渋れば、労働者に逃げられてしまうかもしれない。労働者の方も経営側のそうした事情を読んでいるから、強気で賃上げ交渉に臨む。こうして、インフレ下ではなかなかいいペースで給料も増えるので、人々はそれなりの満足感を味わうことになる。

だが、よく考えてみればこれは幻想だ。いくら賃金が上がっても、生活費が同じペースで上がっていれば暮らし向きは楽にならない。実質的な意味で、従来よりもリッチになっているわけではないのである。この状態が、経済用語でいうところの「名目賃金は増えたが実質賃金は不変」の状態である。給料の名目金額は増えても、その実質的な使いでは変わっていないということだ。それでも、金額的には収入が増えるので、どうしても浮かれ気分になりがちだ。これがインフレ下の人間心理というものである。たなぼたで儲けたような気がするから、ついつい無駄遣いする。

収入が増える一方で、インフレの下では借金の負担がどんどん軽くなっていく。年収五〇〇万円の人が二〇〇〇万円の借金をすれば返済は大変だ。だが、インフレのおかげであっという間に年収が一〇〇〇万円になってしまえば、随分と気分は楽になる。そこで、解放感に浸り切る。やっぱり、ついつい無駄遣いだ。

そこまでならまだいい。怖いのは、先行きについても見通しが甘くなることだ。いま借金をしても、どうせインフレで帳消し同然になってしまうから、どんどん借金して物を買おうということになる。しかも、インフレが長期化すると人々は買い急ぎが癖になる。今日よりは明日の方が確実に物の値段は高くなると思い込むようになるから、借金をしてでも、欲しいものは今日のうちに買ってしまおうという発想になる。おまけに、インフレになると貯金をするのがばかばかしくなる。物の値段が年間一〇%のペースで上がっているのに、銀行に預金をしても預金金利は年率八%しかもらえないとなれば、謹厳貯蓄よりは浪費買いだめの方が賢明な選択にみえてくる。こうなるともう歯止めが効かない。

止めど無いお買い物旋風が吹き荒れている中で、突如としてインフレ経済に一巻の終わりが来たらどうなるか。借金はある、貯金はない、給料は上がらない。夢破れて一文なしだ。インフレ経済状態が長く続けば続くほど、人々はこの体たらくへとひたひたと追い込まれていくのである。この悲運から人々を守るという意味では、インフレとの戦いは、確かに政治家の道義上の責務であるかもしれない。

◆物価と賃金の追いかけっこ

人々を恐怖の幻想に陥らせるインフレ病はどうして起こるか。経済がインフレ化する実際の経緯は各種ある。癌《がん》という一つの病気にも色々な事例があるのと同じことだ。それを念頭においた上でいえば、要するに、インフレは商品やサービスに対する需要がその供給を上回っている状態で起こる。需要が多すぎても供給が足りなくても、この状態は発生する。原因はどうあれ、物があり余っていれば物価は上がらない。需要が多すぎる場合が需要インフレで、供給が足りない場合が供給インフレだ。

詳述すれば、経済活動が急激に活発化したり、人々や企業の浪費癖が急にひどくなったりして全般的に物資不足となるのが需要インフレである。これに対して、自然災害や戦争、ストや誰かの出し惜しみなどで、急に物資の供給が途絶えてしまい、一般物価が高騰するのが供給インフレだ。

やや毛色の違うインフレ概念に、コストプッシュ・インフレというのもある。必ずしも需要が伸びているわけでもない時に、企業の生産コストが上がったために起こるインフレをこう呼ぶ。コスト上昇に押し上げられ（プッシュ・アップされ）て起こるからコストプッシュ・インフレだ。例えば、労組の力が強くて企業が高い賃上げを呑《の》まざるを得なくなり、その分だけ生産コストが上がってしまったので、それに見合って製品の値上げをすれば、これはコストプッシュ・インフレだ。

本来ならば、いくらコストプッシュ圧力が高まっても、需要が強くなければ、つまり製品を欲しがる人があまりいなければインフレは長続きしないはずである。だが、世の中がインフレ慣れすればするほどコストプッシュがまかり通る余地が大きくなる。これから先もずっとインフレ時代が続くと思えば、働く人々はそれに備えて高率の賃上げを確保しようとする。企業は企業で、高い賃上げに応じてもインフレが持続する限りそれなりに商品の値段を上げられると思うから、労使円満・商売繁盛のために賃金交渉の早期決着を図る。賃上げ闘争が終われば一転して消費者となる労働者たちも、思惑通りの給与が確保出来ていれば、少々物が高くなっても、生活水準を落としてまでの節約には向かわない。

こうして、インフレ心理が人々の中に根を下ろしてしまうと、このままで行くはずはないとどこかでは考えつつも、インフレ型の行動パターンはなかなか修正されない。物価も賃金もいつまでも上がり続けるわけじゃない、そんなに強気で賃上げを要求していると、どこかで自分の首が危なくなるよ、といくら警告を繰り返し受けても、「まさか」の心理が人々を幻惑する。

このまさかの思いが「インフレ期待」という代物で、これが蔓延《まんえん》すると、物価と賃金の追いかけっこが次第に限界に達する兆候がいくらみえても、人々も企業も率先しては軌道修正に踏み切れない。「タイタニック号が沈むはずは決してない」。この心理があったばかりに、実際に船が沈没し始める中でも、多くの人々がなおも逃げようとしないで命を失った。インフレ期待もこれと同じだ。へたをすれば命取りである。

◆デフレの蓋が開いた

二〇世紀後半のあらかたの時期を通じて、インフレは人類にとって最大の敵だった。まさしくカーター元大統領がいう通り、インフレ退治が為政者たちにとって経世済民上の再優先課題だったといえるだろう。だが、二〇世紀最後の一〇年はそうではなかった。一転して、デフレの恐怖との戦いが大いなるテーマとなったのである。

デフレーションとは、要するにインフレーションの反対だ。現象的にいえば、一般物価が持続的に下がっていくのが、デフレ化の経済実態である。需要が供給を上回ることでインフレが起こる。それと反対に、需要が供給を下回って物やサービスが余る状態になると、デフレという名の地獄の門が開いて人々を吸い寄せ始める。

少々の需要不足なら、それで一足飛びにデフレ状態になることはない。それだけなら、前節でみた在庫循環の下降局面程度のことで、ある程度のところまで行けば、また上昇軌道に乗ることが出来る。だが、物価が継続的に下がるところまで需要不足が深化すると、そこから脱却することはなかなか難しい。

物価が下がれば、人々は物を買いやすくなるはずだ。だが、物価が下がっていると企業の売上げは伸び悩み、インフレ期のような高率賃上げは期待出来ない。そうなると、いくら物が安くなっても、人々の心理はけちけちしてくる。しかも、物価が下がることに慣れてくると、今日買うよりは明日買う方が得かもしれないと思うから、これまたインフレ期の買い急ぎと逆になって、買い控え行動が一般化する。すると、企業はますます値段を下げないと商品を買ってもらえない。だが、値下げばかりしていては売上げは伸びないから、賃上げも滞りがちとなる。すると人々はますます買い控えだ。いわんや、借金をして物を買うなど、もってのほかということになる。誰もが虎《とら》の子の貯金・現金にしがみつき、けちけちムードがさらに蔓延することとなる。こうして集団的貧乏性が身につくと、経済全体としての縮み指向からなかなか脱却出来なくなってしまう。

一九九〇年代の日本が、まさにこの状態だった。だが、それだけではない。アメリカ一人勝ちの時代が来たといわれ、これ以上好調になりようがないように思われたアメリカ、かつて一〇％インフレが常態化していたアメリカにおいても、一九九〇年代は物価がなかなか上がらない時代だったのである。ヨーロッパもまたしかりだ。なぜそうなったのか。その謎解きはしばしお預け。乞《こ》う、ご期待だ。

4　経済は生かすも殺すも金融次第

◆シャイロックの役割とは

劇作の巨匠、ウィリアム・シェイクスピアの作品群の中に、『ベニスの商人』がある。

物語はよくご存じの通りだ。主要な登場人物が、ベニスの豪商アントーニオ、その友バッサーニオ、ベルモントの姫君ポーシャ様、そしてユダヤ人高利貸しのシャイロックである。

バッサーニオは金なく力なき典型的な色男だ。二枚目役にふさわしく、美貌《びぼう》のポーシャに恋をする。彼女をめぐるお婿さんコンテストに参加したい。色男だから勝算はある。だが、文無しではコンテストに参加せずして敗北だ。そこで、リッチな友人、アントーニオに三〇〇〇ダカットばかりの無心をする。バッサーニオと違って商才に長《た》けるアントーニオ、三〇〇〇ダカットごときの工面はなんでもない。無二の親友のためとあらば、全くもってお安いご用だ。

だが、たった一つだけ問題がある。アントーニオが率いる商船隊は一隻残らず船出している。遠い異国での取り引きが首尾良く成り立ち、金銀財宝をしこたま積んだそれらの船が帰港してくれば、アントーニオはまた一段と大金持ちだ。だが、それまでは手元不如意である。大儲けは目にみえているのだが、当面は三〇〇〇ダカットという現金が手元にない。

そこで、彼は意を決して宿敵シャイロックから金を借りる。熱狂的なキリスト教徒のアントーニオはユダヤ人のシャイロックを忌み嫌っている。高利貸しほど汚い商売はないと、常日頃からシャイロックを罵倒《ばとう》することしきりである。そんな仕打ちを受けている相手が金を借りにやってきた。リベンジの好機到来とばかり、シャイロックは三〇〇〇ダカットを融通する代償に、アントーニオの胸部の肉一ポンドを担保に取る。高利貸しがお嫌いなら利子はご無用、その代わり、期日通りに三〇〇〇ダカットを返せなければ、お主の胸から肉一ポンドを切り取らせてもらいますよというのである。

ここからが波乱万丈で、商船隊が一隻残らず沈没し、一気に貧乏人となったアントーニオはシャイロックの憎しみの刃に倒れての死に直面する。だが、そこに男装の麗人となって颯爽《さっそう》と登場するポーシャ姫。彼女の機転でたちまち主客転倒だ。あわれにも、シャイロックはキリスト教への転向という最大の恥辱を無理強いされることになってしまう。この顚末《てんまつ》は、あまりにも世に有名だ。

この『ベニスの商人』、果たしてこれは単純明快な勧善懲悪物語なのか、はたまた、権力者たちによるユダヤ人迫害を糾弾する社会派ドラマと受け止めるべきなのか。これをめぐって、今日なお、研究家たちの間で大論争が続いている。だが、エコノミストの目からみる時、関心が赴くのはちょっと別のところだ。

この物語の中で、シャイロックが果たしている役割は何か。お芝居としていえば文字通りの敵役だ。だが、経済活動という観点からみれば、彼が果たしているのは金融機能にほかならない。

余っているところから足りないところに資金を回す。それが金融機能というものだ。そのための報酬が金利である。物と同じで、お金も一つの商品だ。お金を欲しがっている人がいて、それを融通してもいいと考える人がいる。欲しい人の欲しさの度合、融通する側の欲の皮のつっぱり具合で、金利という名のお金の値段が決まることになる。シャイロック対アントーニオのケースでは、欲の皮に復讐《ふくしゅう》の毒牙《どくが》も加わったから、三〇〇〇ダカットの借金に、人の命という究極の値段がついた。

そこで、シャイロックが鬼だ悪魔だと罵倒されることになるのだが、経済の力学としてみれば、彼は需給の法則にしたがって合理的に行動している。人肉は確かに過激だが、売り手市場（売り手が優位の市場）の価格上昇に歯止めなしだ。一方で、商船隊の無事な帰港を前提に、敵の手に我が命運を委《ゆだ》ねたアントーニオの皮算用はいかにも無謀だ。商売をするに当たって、こういうリスクをとってはいけない。

◆金融のおかげでホッと一息

だが、この場合はいたし方なかったし、エコノミストとして注目したいのは、シャイロックが金融機能を果たしたことで、事態が進展をみたという点だ。ここで金融機能という役割を担う存在が登場しなければ、ドラマは始まらないうちに終わってしまう。ことほどさように、金融機能を担う存在がそこにあるかないかで、経済活動の規模と広がりは全く違ってしまうのである。

四角四面の律儀者であるアントーニオには、このいい方が気に食わなかったかもしれない。自分が借金をしたのは、あくまでも親友の恋の成就《じょうじゅ》がそれにかかっていたからだ。さもなくば、船が全部もどってくるまで自分は何もせず、節約に励んで待っている。彼はそういうだろう。だが、それでは本当の商売人とはいえない。

一〇〇万円分の商品を売った企業があるとしよう。その代金を即金払いで回収出来れば話は簡単だ。その中から従業員の給料を払い、新たに原材料を仕入れてまた商品をつくればいい。だが、客が即金払いに応じてくれなければどうするか。先方にも都合があるから、来月まで待ってくれというかもしれない。ところが、その間に給料日は来る、仕入れ代金の決算日は来るということになると、売り手の方は困ってしまう。自分のところの従業員に、お客さんがあいっているから、月給の支給を来月まで待ってくれとはいえない。仕入れ先に対しても同じことだ。

この窮地を救ってくれるのが、金貸しである。そこにシャイロックが登場し、当座の支払い分を融通してくれるとなれば、それでホッと一息だ。来月になれば、お客さんから一〇〇万円入ってくるから、その中からシャイロックへの返済もきちんと出来る。これで、この人の商売は行き詰まらなくて済むわけだ。いつでも、十分に余裕資金を蓄えているならともかく、そんなゆとりの商売が出来る企業は少ないから、経済活動の歯車がうまく回っていくためには、金融機能の担い手が欠かせない。

しかも、金融機能の担い手が一人いると、そこを出発点として次には次項で詳述する信用創造という経済行為が広がる余地が出て来る。四角四面のマジメ男であるアントーニオは、ともかく親友に用立てるための三〇〇〇ダカットをシャイロックから借り入れる。だが、ここでもしアントーニオが少しばかり色気を出して、人助けのついでに一儲けもしておこうと考えたとする。すると、彼はシャイロックから三〇〇〇ダカットではなくて、例えば五〇〇〇ダカット借りておく。そして、バッサーニオに三〇〇〇ダカット手渡した後に手元に残る二〇〇〇ダカットを誰か別の人に貸し付けるのである。

こうして聖人君子転じて金貸しと化せばアントーニオのイメージは台無しだが、その代わりに彼の懐は金利で潤う。それだけではない。アントーニオから金を借りた人がその金で物を買えば、その売り手が儲かることになる。儲けたその人がそれを元手に仕入れを増やしたり、儲かったお祝いに飲みに出かけたりすれば、それだけまた別のお店や人々の収入が増えていく。これだけでも経済活動は拡大するが、アントーニオから借金したその人が、借りたお金の一部をさらに別の人に貸し出せば、それによってまたまた新たな取り引きの輪が広がっていく。

アントーニオから借り受けた三〇〇〇ダカットについて、バッサーニオがズルをしても同じことだ。ポーシャ姫のもとに馳《は》せ参じるに当たって、本当は二〇〇〇ダカットしかいらなかったとしよう。そして、残りの一〇〇〇ダカットをバッサーニオがちゃっかり第三者に貸し付けたとする。その利子を飲み代にでもしようものなら、この色男、とんでもないろくでなしだ。しかしながら、彼の貸し付け行為のおかげで経済の全体規模はそれだけ膨らむことになる。ろくでなしどころか、これぞ人助けだとバッサーニオはうそぶくかもしれない。どうも彼はそんなヤツであるように思えて仕方がない。

◆信用が信用を呼ぶ

人助けにしろ、よこしまな魂胆によるにせよ、金を借りた者が金貸しとなり、それがまた次の金融行為を生み出して行く中で、経済全体としての支払い能力、購買能力は膨らんでいく。これを信用創造という。シャイロックとアントーニオがお互いに相手を信用していたとすれば、『ベニスの商人』は物語としてなりたたないが、それでも、二人の間の金のやり取りは立派な信用行為だ。シャイロックはアントーニオに信用を供与した。これが第一歩となって、信用が信用を生み出す仕組みを信用創造というのである。

まるで信用ならない相手でも、金を貸すのが信用行為とはこれいかにというところだが、だからこそ、信用を供与する方は金利を取り、担保を確保する。その意味で、いかにベニスの商人たちに虫けら扱いされようとも、シャイロックの行動は理に適っている。もっとも、いかに金利を取り、担保を確保していても、相手に夜逃げされてしまえばお仕舞いだ。信用が信用を呼び、それをてことして経済活動が目一杯膨らみ切っているその時に、誰かがどこかで倒産すると恐ろしい。信用創造のプロセスが一気に逆噴射して、倒産が倒産を呼ぶ過程へと落ち込んでいくことになる。

こうなってくると、次第に誰も人に金を貸そうとしなくなる。倒産連鎖の渦巻きに飲み込まれては大変だからである。こうなると、信用創造どころか、一転して信用収縮過程が始まってしまう。金貸しでみんなが儲けている時は、我も我もと誰もがシャイロックになりたがる。だが、高利貸しをやっているばかりに大損をする人が増えてくれば、たちどころに誰もが金融業から手を引いてしまう。金を貸してくれる人がいなくなれば、よほどの蓄えがある企業以外は商売が出来ない。そうこうするうちに、経済活動が全体として縮み上がっていくのである。これが怖い。経済は、まさしく生かすも殺すも金融次第。シャイロックを毛嫌いしてばかりはいられない。

第二章　モノやお金が国境を超えるとき

1　米も醬油も道を渡れば貿易になる

◆貿易と国内取り引きの違い

「……トリポリ、メキシコ、イギリス、リスボン、バーバリ、そしてインドから、ただの一隻も座礁を免れて戻った船はないというのか！」。『ベニスの商人』三幕二場、バッサーニオがこういって絶句する。アントーニオの熱き友情による支援を得て、彼は首尾よくポーシャ姫の愛を勝ち取る。ところがその矢先、驚愕《きょうがく》のニュースが飛び込んでくる。アントーニオの商船隊が一隻残らず沈没したというのである。かくして、シャイロックへの三〇〇〇ダカットの返済ならず！

皮肉にも、いまやバッサーニオは大金持ちだ。美女の愛を制するものは、美女の金をもまた制する。色男、相変わらず腕力はダメだが、財力の方は申し分ない状況となった。だから、三〇〇〇ダカットを六〇〇〇ダカットにしてでも、友の救済のために差し出すのを惜しまない。恋人とはいえ、他人の金についての惜しげなさが図々しいが、それがベニスっ子の計算高いところだ。それはともかく、いずれにせよシャイロックとしてみれば、六〇〇〇ダカットが六万ダカットになろうと、アントーニオの胸肉一ポンドに比べれば無価値である。進退窮まったアントーニオの命運に人々は固唾《かたず》を呑《の》む。

だが、ここでまたエコノミストは人と違うところに着目する。トリポリ、メキシコ、イギリスにリスボン、はてはバーバリ、そしてインドまで！　アントーニオの取り引きは何とも手広い。その販売ネットワークの広大さがエコノミストを瞠目《どうもく》させる。まさにグローバルだ。もっとも、シェイクスピアが描いてみせるベニスの商人の行動半径は必ずしも史実に即してはいない。一五世紀末に権勢をほしいままにした都市国家ベニスも、一六世紀に入ると次第に勢力衰えるにいたった。アントーニオたちの時代においては、当時のスペイン領アメリカ大陸から締め出しを食らっていたはずであり、したがってメキシコが彼の活動範囲に入っていたはずはない。

というわけで、お芝居の神様も歴史的精度となるとあまりあてにならないが、それはさておき、一口に商人といっても、ベニスの商人たちの取り引き領域が並外れて広かったことは間違いない。最盛期のベニスは他の追随を許さない世界に冠たる海洋大国だった。その華麗なる旗手たちがアントーニオに代表される豪商たちだったのである。彼らはいわゆる貿易商だ。その勇姿を前にして、普通の商売人たちは頭をたれて敬意を表するのだと、取り巻きの一人がアントーニオをおだて上げる。ベニスの商人の一幕一場、幕が上がって間もないところにそんな場面がある。

貿易と国内取り引きとはどこが違うか。原理的にいえば何ら違いはない。誰《だれ》もが得意分野に特化して、お互いに生産した物を取り引きし合う。そうすることで、不得意分野の物まで全部自家製で賄っているよりは楽が出来るし、お金も儲《もう》かる。だから、人々は交換行為に従事する。取り引きの仲を取り持つのが商人だ。その役割は、海洋国ベニスの大商人であろうと、町の問屋の親爺《おやじ》さんであろうと、なんら変わるところはない。

どこが違うかといえば、要はそこに国境があるか無しかの違いである。トリポリから、メキシコから、海のヒーロー、アントーニオが金銀財宝を持ち帰るその度ごとに、それらの遠国と都市国家ベニスとの間で売買取り引きが行われ、その決済が発生する。これが貿易だ。

◆国境という関所

貿易収支という言い方をご存じだろう。異国に物を売るのが輸出、異国から物を買うのが輸入である。物を輸出すれば、相手からその代金を貰《もら》う。物を輸入すれば、相手に対してその代金を支払う。貰う代金から支払う代金を引き算した差分が貿易収支だ。答えがプラスになっていれば輸出超過で貿易収支は黒字、マイナスなら輸入超過で貿易収支は赤字だということになる。

個人でも雑貨屋でも問屋でも、収入と支払いとの差額がプラスかマイナスかは大きな問題だ。だが、これが国対国の関係になると、事が大袈裟《げさ》になる。なぜかといえば、そこに権力というテーマ、安全保障というテーマ、そして誰が誰から税金を取るかというテーマが絡んでくるからである。

道を挟んでAさんとBさんがお米と醬油《しょうゆ》を取り引きしているとしよう。二人はとっても仲良しだ。その親友同士がお互いに相手にとって欠かせない貴重品を提供しあってぃる。しかも、その結果として双方ともにお金が儲かる。これほど申し分のない共存共栄の構図は滅多にない。ところがある日、両家を隔てる道の真ん中に突如として壁が建てられ、そこが国境だと宣言されてしまったらどうなるか。いまや、Aさん側が東国で、Bさん側が西国だ。

東国と西国のそれぞれに王様がいて、自国民の経済活動を監視している。この状態の下で、AさんとBさんがいつものようにお米と醤油をやり取りすると、これがもう立派な貿易だ。

東国の王様にしてみれば、Aさんがお米を売ってお金を儲けてくれるのは結構な話だ。Aさんの儲けに沢山税金をかければ、それだけ国庫は豊かになる。東国大王が良き権力者なら、ここで彼は豊富になった国の資金を、民の生活を潤すために使うだろう。Aさんを含めて、全ての人々がより楽に暮らして行けるように、治山治水に励むのである。経済という言い方は「経世済民」から来ている。世を治め、民を苦しみから救う。これぞ権力者として唯一至高の経済活動だ。

西国
東国
王
王
B
A
SHOYU
醤油
米

だが、悪い王様は懐が豊かになってくると、すぐによこしまな発想を抱き始める。国民のために使うべき税金で私腹を肥やし、好きな人にプレゼントをしたり、競走馬を沢山買ってさらに一攫《いっかく》千金を追求しようとしたりするのである。いずれにせよ、東国大王にとってさしあたり国境を挟んだAさんとBさんの貿易取り引きはお眼鏡《めがね》に適《かな》う行為だ。

だが、そこに悪知恵の働く代官がいたとしよう。彼が王様に対していわく、「Aから税金をお取りになるのは結構ですが、Bの方はどうですか。考えてもご覧下さい。AはBに対して高い醬油代を払っています。それでBがざくざく儲けて、そこから西国大王に税金を山のように納めているのです。これはけしからん。本来ならあなたのものとなるべき富が西国にどんどん流出しているのです。それだけじゃあございません。もし、西国大王がBに対してAへのお米代の支払いを禁止するお触れを出したらどうなりますか。米を返せといっても手遅れですよ。そもそも、もしも、西国大王がBに対してAに醬油を売ることを禁じたらどうなりますか。我が東国は醬油不足で大変です。醬油よこせ一揆《いっき》が起きて、あなたのお命だって危ないかもしれませんよ。ここは一つしか手がありません。西国に戦争をしかけましょう。やつらを征服してしまえば、米も醬油も税金も、全てあなたのものです」。

◆善玉代官の言い分、悪玉代官の言い分

東国大王がどれだけ愚かで、どれだけ欲の皮を突っ張らせているかによって、この悪魔の囁《ささや》きをどこまで真に受けるかが決まってくる。ただ、お伽話《とぎばなし》には悪玉あれば必ず善玉あり。ここに清く正しい代官が登場すれば、彼は次のようにいうだろう。

「王様王様。こんな男の口車にお乗りになってはいけません。戦争には金がかかります。民の命も犠牲にします。経世済民をお忘れなく。Bからも税金を取るなどというケチ臭い発想はあなた様にふさわしくございません。それよりも、こうされてはいかがですか。わが国は、今BがAに売っているお醤油に関税という名の関所代をかけています。醤油一ビン一〇〇円でしたね。これをただにするのです。確かにそれであなた様の関税収入は減りますが、これで損をされるのはあくまでも一時的なことです。一ビン一〇〇円ずつお金が浮くということになれば、Aは前よりももっと沢山の醤油をBから買えます。しかも、それをわが国の人々にこれまでよりも一〇〇円だけ安く売れるのです。すると、今までは高くて手が出なかった連中もお醤油を使うようになりますよ。その分だけAは商売繁盛で儲けも増えて、あなた様に納める税金も増えることになるわけです」。

ここまでなら、善玉代官の発想にもたいした飛躍はない。だが、彼が本当にダイナミックな才覚の持ち主なら、さらに続けて次のようにいうだろう。「それだけじゃあございません。あなたが思い切って醤油に対する関税撤廃政策を打ち出されれば、西国の王様もさぞかしお喜びになるでしょう。きっと、お返しに米に対する関税を撤廃するとおっしゃいますよ。そうすれば、西国大王様も結局は税収が増えてさらに大喜びです。増えた税金で西国の民のためになる施策を色々実行なされれば、西国の人々は、これも東国と仲良しのおかげと、あなたとわが国を深く敬愛するようになるでしょう。かくして、お互いに相手を豊かにし、相手の繁栄に貢献しあう東西両国はともに万々歳です！」

善玉代官のこの大演説を聴いた悪玉代官、あわてて次のように逆襲を計るかもしれない。「税金をただにするなど、とんでもない。それどころか、むしろ醤油にかけている税金を倍にしましょう。そうすると、Bはその分だけわが国の人々に醤油を売る時の値段を上げなければなりません。そんなに高い醤油を買える人間はわが国にいませんから、西国から東国への醤油の輸出はそれで一巻の終わりです。それでも、わが国の民が醤油なしで生活するわけにはいきませんから、かならずわが国の中に醤油をつくる人が出てきます。そうすれば、戦争をしなくても、やっぱり、醤油もお米も税金も民の敬愛もあなたのものです」。

市場開放による西国との共存共栄を説くのが善玉代官。保護貿易による自己充足を説く悪玉代官。間に挟まった東国大王は、結局のところ、自己責任で判断を下すしかない。多少とも賢明なら、やはり善玉代官の言い分を取るだろう。保護貿易は保護貿易を呼ぶ。東国がその道に向かえば、西国も必ず報復と自己防衛のために同じ道をたどるしかない。行き着く先はやっぱり戦争であることを今世紀二度にわたる世界大戦があまりにもよく示している。

◆欲と恐怖の綱引き

こうして、親友同士の生活物資の取り引きも、そこに国境が介在するだけで戦争か平和かの大問題に発展することとなってしまう。人間の歴史を通じて、数多くの戦争が物資と集金力を巡る争奪の中で火を噴いた。風が吹けば桶《おけ》屋が儲かる。だが、どこのどの桶屋が儲かるのかというもう一つの問題がある。誰もが一陣の風によって一攫千金を手にする桶屋の立場に立ちたい。あらゆる権力者が棚から落ちるぼたもちの受け手となりたい。

人間の行動は、欲と恐怖の綱引きの中でその成り行きが決まるという。欲と恐怖の微妙な応酬の中で国々は侵略と連合、戦争と平和との間を揺れて来た。その駆け引きの根底には、道を挟んで米と醤油を融通し合う友人たちの世界がある。命を賭《か》けた攻防のその大本をたどってみれば、そこにあるのは風と桶屋を結びつける経済の原理なのである。怖い話だ。

もっとも、怖い話も昔物語だと早い段階でだいたい筋書が読めるから、それほど肝を冷やさなくて済む面がある。恐怖物語にもそれなりのセット・パターンがあるから、どの手の話かの見極めがつけば概《おおむ》ね大丈夫だ。ところが、たまには全く定石《じょうせき》と違う筋道をたどり、予測し難い恐怖の世界へと読み手を誘《いざな》う新手のお話もある。それに出会うと、怖さと嬉《うれ》しさの両方に突き動かされて打ち震えることとなる。

今、人類が二一世紀を生き進みつつあるこの時こそ、まさにそのようなタイミングだ。Aさんとの間の国境が関所としての効力をもたなくなり、東国大王も西国大王も、一国一城の主《あるじ》として自信をもって威張れなくなっている。それがグローバル時代というものだ。たとえ東国大王が悪玉代官の口車に乗ってしまっても、AさんとBさんが結託して米と醤油の両方をグローバル世間に幅広く供給する大会社をつくってしまえば、それまでだ。こうなると、貿易とは何で、国境とは何で、経世済民とは何かということが改めて問われることになる。だが、これはまだまだ、本書のぐっと最後の方で詰めて考えていかなければいけない問題だ。そこを目指してまっしぐら、しかしながら緻密に慎重に、謎《なぞ》解きの足を運んでいこう。

2　通貨と経済：犬とシッポの奇妙な関係

◆オペラ歌手たちの悩み

前節は、東西両国物語をあわや戦争というところで尻《しり》切れトンボにしてしまった。だが、それだけではない。あの物語には、実をいうと一つ重要なキャラクターが登場せず仕舞いになっている。その名は通貨である。

通貨とは何か。その意味を最もよく解っていたのが一八、一九世紀のオペラ歌手たちだったのではないかと筆者は思う。

オペラという演劇形態が人類史上にお目見えしたのが、概ね一六〇〇年あたりだということになっている。その後にやがてモーツァルトが出現し、ロッシーニやドニゼッテイが登場し、偉大なりしヴェルディとその宿敵ワーグナー、そしてプッチーニとその後継者たちと続いて、オペラの歴史は今日にいたる。ここまで雑駁《ざっぱく》にいうと専門家筋に嘲《ちょう》笑《しょう》されるが、それはともかくとして、そうしたオペラ史の流れの中で、その主役であるオペラ歌手たちは世界を股《また》にかけた。

オペラ歌手とは、要は旅芸人だ。劇場から劇場へ、街から街へと、オペラあるところに彼らは行く。呼ばれしその場に、地球狭しとでかけて行く。東にテノール歌手が必要とあれば馳《は》せ参じ、西にソプラノ不足とあれば足を運ぶ。それが彼らの生活だった。

そこで問題になるのが出演料の貰い方だ。行く先々でご当地の事情に応じた支払い方になる。これがなかなか厄介だ。当時は、例えばイタリアといっても今のような一つの国ではなかった。イタリアという統一国家が出来たのは一八六一年のことである。草創期のオペラ歌手たちが活躍していたころは、まだまだベニスの商人が隆盛を誇った都市国家時代の延長線上に人々は生きていた。したがって、イタリアの中なら、どこに行ってもリラで出演料を払ってくれるというわけではなかった。それぞれの地域がそれぞれの通貨をもっていた。ベニスはベニス、フィレンツェはフィレンツェ、ローマはローマ。

しかも、それだけではない。どうかするとお隣の国のお金が混じった混成仕立てで支払いを受ける事だってあった。ダカットにフローリンにクローナにシリング。各種様々なお金がごちゃごちゃになった状態で出演料を貰っても、実際に自分がどれだけ金持ちになって、どれだけの支払い能力を身につけたのかが判然としない。これでは不安で仕方がない。だから、歌い手の方としては、なるべく、どこに行っても受け取ってもらえる知名度が高くて信頼度も高い国のお金で支払ってもらおうと頑張る。

人気抜群のソプラノさんであれば、売り手市場だから、興行師の方も要求に応じざるを得ない。どうしてもフィレンツェのお金で出演料をよこせといわれれば、ベニスの商人といえども、何とかフィレンツェ金貨をかき集めてくるしかない。だが、これが二線級のテノール（当時は総じてテノール歌手に対する評価が低かった）ともなれば主客転倒する。どんなに込み入った寄せ集め構成の金袋を渡されても甘んじて受け取らなければならないのである。

こういう生活を送っていると、通貨の価値というものにどんどん敏感になる。生涯、フィレンツェから一歩も出ない人、ベニスに生まれベニスに死す人々であれば、自分の国のお金が外に出た時にどれだけの使いでがあるかということには、無頓着《むとんちゃく》で済んでしまう。だが、所変わればお金も変わる環境の中で旅から旅を繰り返して生計を立てて行くとなれば、そうはいかない。通貨価値の変動という現象に対して、しかるべき感受性を持っていないと、大変なことになる。いくらベニスで大儲けしたとしても、次の日にベニスがどこかの国との戦争に敗北し、占領されてしまえばどうなるか。戦争に負けた国のお金など、他のどこに行っても受け取ってはもらえない。膨れ上がった金袋も無用の長物と化してしまう。

◆為替リスクを誰が負うか

ことほどさように、一国の通貨の価値はその国の国力や影響力と密接に関係している。ここで話を東西両国物語に戻そう。東国のAさんがお米屋さん、西国のBさんが醤油屋さんだった。二人の間のお米代とお醤油代のやり取りを何でするか。米一升に対して醤油瓶二本というような割合で物々交換をするのでなければ、そこには当然お金のやり取りが発生する。この時のお金を東国の通貨にするのか、西国の通貨にするのか、それともBさんはお米代を自分の国である西国のお金で支払い、東国のAさんは東国のお金でBさんに醤油代を払うのか。

東国の通貨を円、西国の通貨をドルと呼ぼう。ここで取り引き通貨が円になるのかドルになるのか、その両方なのかはなかなか難しい問題だ。仲のいいAさんBさんコンビだから、お互いに相手の国の通貨を受け取りあえばよさそうなものである。ところが、そこに金勘定の問題が入ってくると、そうもいかなくなってくる。円もドルも、東西両国に出回っていて、どちらの国でも円、ドル両方の通貨で自由に買い物が出来るなら、それでいい。だが、円は東国でしか通用せず、ドルは西国でしか使えないとなると、話はちょっと厄介になる。

東国のAさん、お米を一升つくるのに田んぼの管理や道具代など、生産コストが合計一〇〇円かかっているとしよう。それに加えて、一升当たり五〇円は儲けがないと生活できない勘定であれば、彼は一升のお米に一五〇円という値段をつける。この一升のお米をBさんに売る時に、何ドル貰えば計算が合うのか。この計算をする時の決め手となるのが、円という通貨とドルという通貨の交換比率であり、これを世間では為替《かわせ》相場あるいは為替レートといっている。この為替レートが一ドル＝一〇〇円であるならば、Aさんはなさんからお米一升につき一・五ドル支払ってもらわないと採算が取れない。一ドル＝二〇〇円なら、〇・七五ドル貰うだけでいい。

Aさんとしては、ここで気をつけなければいけないことが一つある。Bさんと、お米一升につき、〇・七五ドル支払ってもらう約束をする。その時の為替レートが一ドル＝二〇〇円で、Aさんの商売はこれでちょうど採算が合う計算だ。ところが、いざ実際に代金を受け取る段階で、為替レートが一ドル＝一〇〇円になってしまっていたらどうなるか。円換算で一五〇円支払ってもらったつもりが、七五円の稼ぎにしかならなかったことになってしまう。これでは、大損もいいところだ。これが為替差損という真に怖い代物なのである。為替差損が発生する危険性を為替リスクという。

このリスクを負いたくなければ、Aさんはどうするか。答えは簡単。お米代を円で支払ってもらえばいい。答えは簡単だが、Bさんにそれを納得させるのは難しい。そうなると、今度はBさんが為替リスクを負うことになるからだ。一五〇円でAさんからお米を買うと約束する。その時の為替レートが一ドル＝二〇〇円なら、ドル建てでみたBさんの出費は〇・七五ドルとなる計算だ。ところが、いざ支払いの期日が来てみると、一ドル＝一〇〇円になっている。こうなると、Bさんの出費は一気に一・五ドルに膨らんでしまう。この違いは大きい。

◆通貨の背後にある腕力と体力

国境を挟んだ商売で為替リスクを誰が負担するかは、ことほどさように大問題だ。当事者たちの交渉力もあるが、国と国との腕力と体力の違いも大いに物を言う。腕力すなわち軍事力、体力すなわち経済力だ。そのいずれについても、西国が圧倒的に勝っているという場合には、為替リスクをめぐる攻防においてAさんに勝ち目はない。ドルによる支払いを甘受して、大幅な為替差損が発生しないことを祈るばかりだ。

為替リスクを回避するには、あらかじめ相手の国の通貨を一定のレートで売る約束を誰かとしておくというやり方がある。これが為替予約という技なのだが、これをやっても、予約したレートが現実のレートとぴったり一致するという保証はない。だから、百パーセント安全というわけにはいかない。そんな現実の中で、貿易にたずさわる人々と、彼らを相手に通貨のやり取りをする銀行や相場師たちが、為替予測の精度を高めようとして必死になる。

腕力と体力に秀でた国の通貨は、どこに行っても通用しやすい。Aさんがドル決済に甘んじるについては、この点についての計算も働く。米づくりに当たって、Aさんが南国のCさんから農機具を買っているとしよう。その代金の支払いをどうするか。Aさんとしては、円で払いたいのが当然だ。ところが、Cさんがそれをスンナリ受けてくれるとは限らない。ドルならばどこへ行っても通用するが、円では東国に行った時にしか買い物が出来ない。それが実態なら、Cさんは断じて円での支払いに同意しないだろう。どうしても機械が欲しいAさんは、やむなくドルでの支払いに応じるしかない。東国の中に農機具のメーカーがあればいいが、Cさんから買うしかなければ、決済通貨はCさんの言いなりだ。貿易に依存する腕力不足、体力不足の国の悲哀がここにある。

ところで、為替リスクというものを全く無くしてしまうことは可能だ。どうするか。これまた答えは簡単で、例えば一ドル＝一〇〇円ということで、東西両国の間で取り決めを交わしてしまえばいい。何があっても、この関係が崩れないというのであれば、商談成立のタイミングと決済の期日が離れていても問題はない。このやり方を固定為替相場制度という。これに対して、今まで考えてきた一ドルの価値がクルクル変わる世界が変動相場制の世界である。

固定為替相場制度の世界こそ、一見、理想の世界にみえる。だが、理想郷を現実に長持ちさせるのはなかなか難しい。固定相場制は結局のところ約束事だ。一ドルをいくらにするということを、人と人との間で取り決める。決めた以上はその関係を守っていくことが義務となる。だが、一方で天下の情勢はどんどん変わる。いついつまでも西国の腕力と体力が突出したものであり続けるとは限らない。一ドル＝二〇〇円を正当づける力関係が、東国と西国との間において未来永劫《えいごう》変わらないという保障はない。実をいえば一ドルに五〇円の価値しかない時が来るかもしれない。その時になっても、なお一ドル＝二〇〇円を死守するとなると、西国は窮地に陥る。日に日に弱まる腕力と、どんどん低下する体力をからいばりで包み隠し、東国に一ドル＝二〇〇円を受け入れさせつづけなければいけない。だが、からいばりには限界がある。いずれは分相応の通貨価値を受け入れざるを得なくなる。

◆シッポが犬を振り回す？

一国の経済と一国の通貨との関係は、犬とシッポの関係だ。犬がシッポを振るのが自然だ。だが、どうかするとシッポが犬を振りまわす関係になってしまう。固定為替相場制度で東西両国のシッポがくくりつけられている状態を考えよう。西国犬が腕力・体力ともに勝るという想定だから、さしあたり、西国犬のシッポに東国犬がシッポを介してぶら下がっている関係だ。パワーあふれる西国犬は、東国犬のみならず南国犬も北国犬も自分のシッポにすずなりになっていて平気の平左だ。

だが、その状態がいつまでも変わらないとは限らない。西国犬も、年を取ればパワーが落ちる。かたや、西国犬にすずなり状態だった他の犬たちは次第に実力をつけてくる。そうなった時には、ぶら下がりの構図を変えるのが筋だが、西国犬の面子《メンツ》があり、その他の犬たちの怠惰もあって、その選択が許されないとなると、実力に見合わないシッポとシッポの関係に規定されて、犬たちの体調・体質に狂いが生じていくことになる。

変動相場制の下でも、形を変えて同じような問題が起きる。通貨価値という名のシッポが、日々の風の吹き具合によってあっちを向いたり、こっちを向いたり。その度ごとに、誰が誰をぶら下げるかの構図が変わる。これでは犬たちはたまったものではないのだが、嘆いていても仕方がない。シッポの向きに体の向きを合わせるしかないのである。

経済史の流れの中で、犬とシッポの関係は様々な変転を遂げて来た。戦後、一九四四年から一九七一年までの間が、ドルを軸とする固定為替相場制度の時代であった。そのさらに前には、全ての通貨が金との関係でその価値を定められる金本位制の時代があった。今、世は変動相場制の時代となっている。

金本位制とは何なのか。なぜドルを軸にする固定制になったのか。変動相場に行きついたところで、通貨関係の進化は終わりか。これらの問題は、東西両国物語の枠を超えている。それをみるのは、次章以降の課題としよう。

3　経済政策、それは卵とさそりの鑑定術

◆政策の取り違えは恐ろしい

「あなたたちのうち、子どもが魚を求めているのに、魚の代わりにへびを与える父親が、いったいいるだろうか。また、卵を求めているのにさそりを与える者がいるだろうか。このように、あなたたちは悪い者であっても、自分の子どもに良い物を与えることを知っている。まして、天の父が自分に求める者に聖霊をくださらないことがあるだろうか」。

これもまた、新約聖書の中に出て来るキリストの言葉だ（ルカ伝一一章第一一節―第一三節）。

キリストが使徒たちと旅した当時の中東の河や湖には、よくよく見ないと魚との見分

けがつかないへびたちが生息していたそうである。うなぎのようなものだろうか。また、炎熱の砂漠を行けば、そこにはくるくると身を丸めるとまるで卵そっくりになってしまう猛毒のさそりが潜んでいたという。今でも、その実態は変わっていないのかもしれない。

へびと魚、卵とさそり。似て非なる物たちの間を隔てる違いは決定的だ。だが、それを知らずに、外見が同じだから中身も同じだろうと思い込んで子どもに卵の代わりにさそりを手渡したらどうなるか。魚の代わりにへびを与えたらどうなるか。どんなに悔やんでも、どんなに嘆いても後の祭りの悲劇に見舞われることとなってしまう。だからこそ、どんなに見極めが困難でも、子どものためなら、へびを魚に、さそりを卵に見誤る親はいない。どんな悪人、どんな愚か者であっても、それが人の親というものだ。いわんや、天の父がみずからの創造物たる人間に良き物を与えないわけがあるか、とキリストはいう。

大いに勇気づけられる言葉だ。経済と政策との関係についても、同じことがいえればいいとつくづく思う。だが、実際にはそうではない。魚ならぬへび、卵ならぬさそりを子どもに与えて悲劇を呼んだ事例は、経済史の中においてあまりにも多い。

◆インフレ病と貿易赤字病

再び東西両国物語に戻ろう。西国の人々は金づかいが荒い。お買い物が大好きだ。おまけに、西国大王は人気取りのためにしょっちゅう減税をする。減税してもらえば、月々の給料が変わらなくても手取り収入は増えるから、人々はますます喜んで物を買う。それはそれで結構な話だが、あまり行き過ぎると西国の経済は調子が狂う。

どう狂うかといえば、二つのパターンがある。その一がどんどんインフレになるケースだ。第一章第3節をよく読んで頂いていれば、これについて改めて多くを説明する必要はない。経済全体として幅広く物に対する需要が供給を上回っていれば、その経済はインフレ経済で、物価水準が全般的・持続的に上昇することになる。この状態がずっと続くと、人々の生活は物価と賃金のいたちごっこの中で結局のところ次第次第に破局へとひた走ることになる。その恐怖のプロセスを、第一章第3節でみた。

調子の狂い方その二が、貿易収支が大幅赤字になることだ。西国人がいくらやたらに物を買っても、彼らが欲しがる物の数々をどんどん東国から輸入できれば需給バランスは崩れないから、なかなかインフレにはならない。だが、その代わりに東国からの輸入が東国への輸出を大幅に上回ることになる。さきのお米と醤油の例でいえば、西国は人々の飽くなき食欲を満たすために東国から大量にお米を輸入する。その量は西国が東国に輸出する醤油の量の二倍にも三倍にも達するかもしれない。なにしろ、西国の人たちはお米だけではなくて醤油もたくさん消費する。お米を山ほど食べるには、醤油で味つけした大量のおかずも必要だ。だから、東国にそうそうたくさん醤油を輸出しているゆとりはない。お米の買いあさりと醤油の売り惜しみが重なって、西国の貿易赤字は膨らむ一方だ。

これはいけない。貿易収支が赤字になっているということは、要するに支払い能力以上にお金を使っていることを意味している。だから、借金がたまる。西国のBさんだけをとってみれば、相変わらずAさんに醤油を輸出しているし、西国内での需要も伸びているから特に問題があるわけではない。だが、西国全体をひとまとめにした収支尻をみると大変な赤字決算で、借金をしないと東国に対する輸出代金を決済出来ない。これが、貿易赤字国が直面する状態だ。特定の事業部門だけをみればとても調子がよさそうだが、ほかに不採算部門がたくさんあるので、会社全体をみれば大赤字という会社はよくある。貿易赤字国もこれと似ている。

◆貿易赤字は飲み屋のツケと同じ？

それでも、借金を続けられる限りは決定的な問題は起きてこない。このあたりは飲み屋のツケとよく似ている。しょっちゅうやって来ては気前よく大酒を飲んでくれるお客さんで、大会社の役員らしいような人に対して、飲み屋の女将《おかみ》さんはいちいちその場で現金払いを要求はしない。「請求書、また会社あてに送っときます」といって愛想よくする。

だが、これも次第に回が重なり、一向に会社から役員氏の飲み代が振り込まれてこないと、女将さんもさすがにだんだん心配になる。「ある時払いの催促なし」も客寄せの方便として効果的だが、「ある時」が来るあてがまるでない客だということが判明すれば、話は違って来る。女将さんとしては、まず何はともあれたまった飲み代の回収に必死になり、然《しか》る後、以降はご来店ご無用にと哀れな役員氏に対して取り引き停止宣言を発するにおよぶ。

国と国との間で取り引き停止という過激な行動に出ることは滅多にない。戦争を始めた時くらいのものだ。だが、貿易赤字が膨らみすぎた国には、別の形で制裁が下る。その国の通貨を、誰も持ちたがらなくなるのである。借金漬けになっている人間が発行した手形など、受け取るお人よしはそうはいない。

それと同じで、赤字大国の通貨を人々は受け取らないし、既に手元にある分は一刻も早く処分しようということで、売りに出す。売られる一方の通貨は当然値が下がる。自国通貨の値が下がれば、借金返済はますます大変になるし、輸入品の値段はどんどん高くなる。こうなると、とりあえずは免れていたインフレも結局はかまくびをもたげて来ることになってしまう。というわけで、やっぱり行きつくところはインフレ経済化なのである。

直接的にインフレ化の形をとるにせよ、貿易赤字の拡大を経由するにせよ、両者が同時に進行するにせよ、そんな状態が長引けば経済活動のバランスはどんどん崩れていってしまう。そこで、為政者たるものは対策を打たなければならない。その対策の講じ方が問題だ。ここで卵とさそり、魚とへびを見誤ると大変なことになる。

◆人気取り政策の誘惑

まずはインフレへの対応を考えよう。ここで西国大王はどうするか。ここにまたまた悪玉代官が登場すれば、彼はこういうだろう。「国民どもは物価が上がるのをいやがっているのですから、話は簡単です。物価統制をやりましょう。米も醤油もミソもビールも、明日から一切値上げ禁止のお触れをお出し下さい。ご命令に背いた業者は営業免許停止の上で百たたき。これでインフレは一挙に解消です」。

発想の単純な西国大王がそうかそうかとこの入れ知恵に従ってしまえば、これぞまさしく卵とさそりの典型的な見誤りだ。そこに善玉代官が駆けつけてくれれば、彼は次のようにいって王様をおいさめするに違いない。

「物価統制などとんでもない。そんなことをすれば、国中のお店が倒産ですよ。仕入れコストが上がるのに商品の売値を上げられなければ儲けは出ません。それどころか、赤字になってしまいます。それでは経営は行き詰まり。それこそ暴動になりますよ。それに、物価統制をやっているうちはいいですが、いったん止めれば、また物価は跳ね上がります。なんの解決にもなりません。わが国がインフレになっているのは、要するに国民が物を買い過ぎるからです。借金をしてでも物を買いたがります。ですから、中央銀行に頼んで金利をうんと上げてもらいましょう。インフレ率より金利を高くしなければいけませんよ。金利よりも給料の上がり方が高い間は誰も借金を怖がりませんからね。高金利政策で人々の浪費癖を抑えこむのが、今やるべきことなのです」。

善玉代官のこのアドバイスに従えば、とりあえず西国大王は民の生活を圧迫する暴君だと思われるかもしれない。だが、インフレが鎮まって世の中が落ち着いてくれば、初めはさその毒に思えていた高金利が、実は滋養に富む卵だったことに人々は思い当たる。そこで名君の叡智《えいち》に感涙を流すのである。

他方、悪玉代官の口車に乗ってしまえば、初めのうちは大人気だ。一言《いちごん》のお触れをもって、一夜にして物価上昇を止めてしまうのだから、まさに神様大王様だ。ところが、時がたち、商品の値段を上げられないお店、またお店が次々と倒産し、生活物資も不足するような状態になると、そこで初めて、人々は卵にみえた物価統制が実は命取りのさそりの毒だったことに目覚めるのである。そうなれば、「王様殺せ」の大暴動だ。

政策の取り違えはかくのごとく恐ろしい。貿易赤字への対処の仕方についても、同じことがいえる。この場合、悪玉代官方式の解決策はまず第一に輸入制限だ。保護貿易である。これについても、本章第1節で少し触れた。悪玉代官いわく、「輸入品がたくさん入って来過ぎるから貿易赤字が膨らむのです。ですから、これまた話は簡単。輸入品を締め出してしまえばいいのです。輸入品に天文学的な関税をかけるもよし、もっと徹底的にやるのでしたら、輸入禁止令をお出し下さい。ご法度破りに及ぶものは打ち首にされればよろしい」。

これを聴きつけた良い代官はまたまた必死でいうだろう。「王様、王様、滅相もない。みんなが欲しがる物資の輸入を規制したら、これまた暴動ですよ。物の値段も上がりますから、ろくなことはありません。それに、輸出品を締め出された東国が怒って攻めて来たらどうなさるおつもりですか。この場合も答えは同じ。元はといえば、わが民のお金の使い過ぎが原因ですから、やっぱり金融引き締めしか手立てはございません」。

悪しき代官と良き代官との違いはどこにあるか。性格の良し悪しもさりながら、政策立案者としての資質という観点からみても、答えは明白だ。要するに、悪しき代官の目は現象にしか向いていない。物価が上がりすぎる。だから物価上昇を強権発動で抑えこんでしまえばいい。輸入が増え過ぎる。それなら、輸入を禁止してしまえばいい。これである。なぜ物価が上がるのか、なぜ輸入は増えるのか。現象をもたらす原因というものにまるで考えが及んでいないのである。現象に惑わされず、その原因を見極めようとする良き代官は、心の清い人であると同時に、知恵深き賢人でもある。

◆良き政策立案者とは

実際に、性格がいいばかり、律儀なばかりでは、本当の意味で良き政策立案者ではありえない。それだけでは、やはり卵とさそりを見誤る。貿易赤字が膨らみはじめると、必ずこれは民の浪費癖が原因だと思い込む。まじめで律儀で、自省の思いが強い人ほど、そうなりがちだ。だが、これもまたいけない。国民が皆それこそ律儀そのもので、誰一人として浪費などしていないのに、貿易赤字が増えているからといって、金利を引き上げたらどうなるか。それこそ国民いじめもいいところである。

人々のお金の使い過ぎ、つまり需要超過が起きていなくても、一国の貿易収支が赤字になることはある。大別して三つのケースが考えられる。第一に、どうしても生活に必要な物資を国内では生産できず、どうしても輸入に頼らなければならない場合だ。西国にとってのお米がそれだ。米なしには生きていけないが、米をつくれる環境に恵まれていなければ、東国からの輸入に頼るしかない。醬油を飲んで、飢えをしのぐというわけにはいかないから。

第二に、西国の輸入がさほど伸びていなくても、輸出がそれ以上に伸びが悪ければ、西国の貿易収支はやっぱり赤字になる。輸出の伸びがぱっとしない場合、それには主として二つの原因が考えられる。一つは、西国の輸出品が高過ぎる場合、そしてもう一つは西国製品の品質が悪過ぎる場合だ。いくらとびきり高品質の醬油をつくっていても、あまりに高ければ、相対的安物との競争に負ける。安かろう悪かろうもダメである。いわんや、高くて悪ければ話にならない。

なお、値段が高過ぎて輸出が伸びない場合には、西国品の輸出価格を割高にする要因がさらに二つ考えられる。その一は生産コストがとても高くて、それに見合って売り値も高くせざるを得なくなっている場合だ。その二が、為替レートが高過ぎる場合である。西国の国内だけで考えている限りそれほど高くはない商品でも、西国ドルの東国円に対する為替レートがえらく高ければ、東国人にとってその西国商品には手がでない。だから、東国向けの輸出は停滞することになる。

最後に、需要超過が原因ではない貿易赤字その三は、相手がずるをしている場合に発生する。東国が、何が何でも西国にお米を大量に輸出すると腹を決める。ともかくドル収入を増やしたいから、なりふり構わず採算度外視で西国に対するお米の叩き売り大作戦を展開するのである。これをやられると、かりに西国内にそれなりの質のお米をつくれる農家があっても、価格競争で負けるから、西国の米輸入量は急増する。貿易赤字が膨らむばかりではなく、西国内の米農家の生計が脅かされることにもなってしまう。

以上のいずれのケースでも、貿易収支が赤字だからといって、高金利政策で国内需要を引き締めても何ら問題の解決にはならない。どうしてもお米を輸入しなければならないケースでは、お米の輸入量を上回る輸出規模の達成を目指して頑張るしかない。価格競争力がなくて輸出が伸びない場合には、高過ぎる生産コストの引き下げを目指して人件費や材料費を切り詰めて値段を下げる。為替レートが高過ぎるのであれば、それを是正するための手立てが必要だ。そのためには、為替市場で自国通貨を大量に売り叩《たた》くというやり方が一つある。それがいやなら、金利引下げという手がある。円で預金をしていれば金利が一〇%つくのに、ドル預金なら二%しか金利がつかないとなれば、誰もドルを持ちたがらないから、ドルの対円レートは下がるという仕掛けである。この場合に、貿易赤字は需要超過が原因だと誤解して金利を上げてしまえば、完全に逆効果だ。相手の安値攻勢が原因なら、この時こそ、輸入制限も妥当な政策になる。

問題の性格によって、昨日のさそりが今日の卵に変身する場面だってあるということだ。そこを抜かりなく見抜くことこそ、良き政策立案者の使命なのである。それが百発百中となった時、人は経済政策の神様になる。

第三章　痩せるニッポン

1　日本の経済三角形

◆縮む一方の日本経済

第一章の冒頭で経済活動の三角形について考えた。その三辺は成長と競争と分配。それぞれが均等な力と長さをもって正三角形をつくっている時、そこに経済理想郷がある。だが、そんな理想郷はそうおいそれと実現されるものではない。それぞれの経済がそれぞれに固有のゆがみや偏重を抱きこんでいる。ゆがみの具合、偏重の程度、そしてその背景に働いている力学を解明するという仕事が、エコノミストにとって重要であることは、既に書いた通りだ。

そこで日本はどうだろう。日本の経済三角形はどんな形をしているのか。まずは、一九九〇年代について考えてみよう。第五章で見ていく経済のグローバル化が一九九〇年代から始まった。地球経済最初の一〇年が一九九〇年代である。その一〇年を日本はどう過ごし、その経済三角形がどのような姿を呈していたか。それを見るところから始めてみようというわけだ。そして、一九九〇年代の日本の経済三角形に着目しようとすると、立ちどころに一つの問題につき当たる。日本の経済三角形、それはいずこに？ 次節でみるように、一九九〇年代は日本にとって「失われた一〇年」だった。この間を通じて日本の経済活動はすっかり縮み上がり、形を判定するどころか、そもそも三角形そのものがみえないほどに貧弱なものになってしまった。何はともあれ、三角形がもう少しまともな大きさを取り戻さないと、形の議論をしようがない。そんな状況だった。

こう書くと、それはおかしい、日本は屈指の経済大国じゃないか、日本の経済三角形がそんなに貧弱であるはずはないと、文句をいわれそうである。それはそうだ。確かに日本は経済大国だ。だが、どんなに大きい経済だって、大きくなるなり方はその時々で違っている。ある時には、既に大きい経済がすごい勢いでさらに大きくなることもある。だが、またある時には大きくなるのではなくて、縮んでいる場合もある。

そもそも大きな図体だから、よくみないと気がつかないが、次第次第に小さくなっていることだってあるのだ。一九九〇年代の日本経済がそうだった。その有り様は、どんどん筋肉を失っていく引退横綱によく似ていた。この辺の事情とカラクリについては、本章の第2節と第3節で詳しくみることにしたい。

◆「痩せゆく男」

図体は大きいながら、そこからさらに拡大するコツを失ってしまったという意味で、一九九〇年代は日本経済にとってまさに縮む三角形の時代であった。その姿をみていて、筆者はまたまたスティーヴン・キングの恐怖小説の世界を思い出した。アメリカが生んだ世界の恐怖小説家、スティーヴン・キング氏については、第一章第2節でご紹介済みである。飛ばし読みされた読者は恐縮ながら関連個所に立ち戻っていただくしかない。何せ、風と桶屋《おけ》の一見無関係なのに切っても切れない関係を解読することが本書の目的だから、途中をスキップすると話の流れに取り残される。

そこでスティーヴン・キングだが、この人はともかく多作で、しかもとんでもなく分厚い作品が極めて多い。おぞましい恐怖と怪奇と幽霊と妖怪《ようかい》の世界をひたすら書きまくって、気炎を上げ続けている。これでもかとばかりに、間断なく怖い話を生み出していくそのエネルギーは、止まるところを知らない。ほとばしるパワーをもてあまし、スティーヴン・キングとしてだけの執筆では飽き足らず、リチャード・バックマンというもう一つのペンネームの下でも、作品を世に送りだしている。その別名作品の一つに、Thinner（邦訳名『痩《や》せゆく男』、真野明裕訳、文春文庫）というのがある。キング先生にしてはめずらしい短さで、キリリと引き締まった小品である。このスティーヴン・キングまたの名をリチャード・バックマン描くところの痩せゆく男のイメージと、縮む日本の経済三角形の姿とが、筆者の頭の中で重なって仕方がない。

小説『痩せゆく男』の主人公は、売れっ子弁護士である。ひょんなことから、彼はある日ロマ（ジプシー）の逆鱗《げきりん》に触れて呪《のろ》いをかけられてしまう。ジプシーおじさんの呪いの指先が弁護士先生の頬《ほお》の上をスーッと横切る。その時、ジプシーがつぶやく恐怖のおまじないが〝thinner（どんどん細く）〟の一言だ。その瞬間から、弁護士先生はひたすらどんどん痩せていく。何を食べても痩せる。どんなに高カロリーのジャンク・フードを食べまくっても、痩せゆくばかりだ。

この作品、キング先生が懸命のダイエット中に生まれたというから、痩せる男は本人の願望の産物だ。願望さえも恐怖小説のネタにしてしまうところが、この作者らしい念の入りようだ。それはともかく、何を食べても痩せるというのは、初めのうちこそうらやましい限りだが、行きすぎれば死に至る病だ。弁護士先生も、まずは念願のスリムなボディーとなったことに狂喜し、次いではダブダブになったスボンが人前でずり落ちる失態に苦笑する程度で済んでいるのだが、何をやっても縮み現象に歯止めがかからないことに気づくに及んで愕然《がくぜん》となる。文字通り骨と皮、歩くミイラと化した我と我が身を目の当たりにして、何もしなければ行き着く先は痩せて痩せての消滅死であるという恐怖の現実を悟るのである。

◆原因はどこに

一九九〇年代の後半に入った段階の日本経済が、まさにこの状態にあった。どんなに度重なる景気対策が講じられても、その規模が回を重ねるごとにどんなに大きくなっても、日本経済は成長できない。縮む一方だったのである。その姿は、縮んで縮んで消え行く恐怖に慄《おのの》き、必死になってジャンク・フードを喉に押し込み、お腹に詰め込み続ける痩せる男そのものだった。

こんな調子で形状の判定どころではなくなってしまった日本経済だった。だが、それでも顕微鏡の下においてみれば、やっぱりその形には明確な特徴が見られた。端的にいって、あの時の日本経済は、競争辺が極端に短くなっていた。その代わり、不釣り合いに長くなっていたのが分配辺だった。後述する通り、二一世紀に入る辺りから、日本経済の三角形は一九九〇年代までとはずいぶん違う形に変形していくことになる。この点については後節で見るとして、とりあえず、一九九〇年代までの日本経済の三角形に注目すれば、この段階での問題は、競争のベクトルの貧弱さだった。これも後述する通り、この問題への過剰対応の結果、その後の日本経済の三角形はむしろ競争がでしゃばり過ぎて分配が極端に割を食う構造になってしまった。

ことほどさように、経済活動の三角形は動く三角形だ。うつろう三角形である。ある時の歪《ひず》みがいつまでも続くとは限らない。競争不足の三角形が、いつまでも競争不足のままの姿を呈し続けるわけではない。ここは注意を要する。この点を踏まえつつ、さしあたり、一九九〇年代までの日本に着目すれば、この段階で強化を要していたのは競争のベクトルだったということである。

なぜ、こんな状況になってしまっていたのか。答えは簡単だ。日本経済の発展段階と、日本経済の従来型の「運航モデル」の間にミスマッチが生じていたのである。大人が子供時代の服を着続けているようなものだった。焼け跡状態からの再出発を余儀なくされた戦後の日本経済にとっては、競争することよりも、一丸となって成長を目指す方が合理的だったからである。物資も資金も、有無をいわさずにいったん集約し、計画的に分配していくことによって、最小限の時間の中で最大限の生産効率を上げる。そのことによって日本国の経済が全体として急角度を描いて復興すれば、人々の生活もそれだけ早く人間らしい水準を取り戻すことになる。競争ならぬ協調によって経済活動の水準を押し上げ、その成果を仲良く分かち合う。

この運航法則に皆が従っている限り、突出して幸せになる人もいない代わりに、絶望的な不幸に見舞われる人もそうは出てこない。年功序列だから、いくら頑張っても出世はそこそこ。いくら才能に満ち溢《あふ》れていても、だからといって、あっという間に大出世の特別扱いは受けられない。その意味ではつまらない。だが、その代わりに終身雇用だから生活の安定は保障される。だから、あまり文句は出てこない。

会社組織は典型的にこの論理で動いてきたが、社会全体としても序列とすみわけを尊重しあう中で、一億総平均点の安定社会が形成された。その安定性を手にするための人々の滅私奉公の成果として、世界に冠たる経済大国ニッポンが出現することになったのである。

その意味で、競争なき集団主義の道に進んだことは、戦後復興期の日本にとってまさに合理的選択だったといえる。だからこそ、戦後の日本は世界が奇跡だといって瞠目《どうもく》した高度成長を成し遂げることが出来た。そして、一枚岩の団体主義が日本企業の驚異の生産性と絶妙な品質管理につながり、日本的経営が世界のお手本となる時代が到来したのである。雑駁《ざつぱく》にいえば、一九六〇年代半ばまでが奇跡の高度成長時代、一九八〇年代半ばまでが無敵の日本的経営時代だ。

◆団結が、いつの間にやら談合に

だが、そうして快進撃を続けるうちに日本経済は成熟した。戦後の焼け跡時代とはかけ離れた立身出世ぶりである。それは真に結構な話だ。だが、それだというのに、いつまでたっても焼け跡時代と同じ行動様式をとっていたのでは、どうしたって問題が起きてくる。初心を忘れないのは麗しいが、バカの一つ覚えが命取りになることだってある。現に、一九九〇年代に入って、痩せる病にかかってしまった。復興期の若かりし日本経済には、競争を排して力を出し合い、一致団結して成長性を高めるやり方がよくマッチしていた。だが、それを連綿と続けていると、団結はいつの間にやら談合に転化し、体力衰えし者同士のマンネリ的もたれあいに変貌《へんぼう》してしまう。集団的寄る年波ですっかり勝てなくなった往年の名サッカー・チームのようなものである。

こうなった時には、若い選手でも外国人選手でもどんどん受け入れてチームに活を入れることが効果的だ。ニューフェースたちとの競争がベテランたちにも刺激を与える。だが、往々にしてその刺激をいやがる排除の論理が働くから、いつまでたっても起死回生の芽は出てこない。そうこうするうちに、チームの沈滞は深刻化する一方だ。

世の中が地球的に新しい局面に足を踏み込んでモデル・チェンジしつつあるというのに、日本経済は旧式モデルの中に封じ込められたままだった。こんなことでは経済活動の三角形がいびつになり小さくなるのも当然だった。モデル・チェンジを怠ったまま、いくら高カロリー治療を施しても、痩せる病は治らない。当時の日本経済にとっては、ひとまず競争のベクトルの強化が必要だった。そして、次第にその方向に動き始めた。だが悲しいかな、始動のタイミングが遅すぎて、動き始めた後の勢いが激しすぎた。遅すぎのやり過ぎ。これほど情けなくて恐ろしいことは無い。日本経済の三角形は、今や競争と成長ばかりを追い求めるモデルに変貌してしまっている。パニック的な競争至上主義への方向転換。それが一九九〇年代末から動き出すのであった。

2 「失われた一〇年」の悲劇

◆膨張はなぜ起こったか

一九九〇年代後半に向かって日本経済は痩せる弁護士になったが、実をいえばその前に太るオペラ歌手だった段階がある。一九八〇年代後半がその時代だった。イタリアが誇る名テノール歌手にルチアーノ・パバロッティという人がいた。残念ながら亡くなってしまったが、ご存知の読者は多いだろう。「三大テノール」の名の下に、仲良しのプラシド・ドミンゴ、そしてホセ・カレーラスの三人組で全世界ツアーなどをやって大いに人気を博した。

その親分格がパバロッティさんだったのだが、彼と一九八〇年代後半から九〇年代前半にかけての日本経済との間に、とても顕著な共通点があったと筆者は思う。その共通点とは、この間に日本経済もパバロッティも大きくなりすぎて調子が崩れたということである。

パバロッティといえば奇跡の高音声、日本といえば奇跡の高成長。だが、その両者とも栄養の取り過ぎ、肉のつき過ぎで体調を崩し、自慢のパフォーマンスが維持不能になってしまった。パバロッティの場合には明らかに過食が原因だ。これは本人がそういっていたから、間違いない。イギリスBBCテレビのトークショーで、太るのは体質かと番組のホストに聞かれて、「オー・ノー、食べ過ぎ」と答えていた。

日本経済も全く同じだ。一九八〇年代に入ってまもなく、日本の企業たちはカネといわずモノといわずヒトといわず、どんどん取り込みまくって膨張し始めた。なぜそうなったかといえば、ひとつにはこの時期から円高が急激に進んで、対外的な購買力が一夜にして膨らんだからだ。一ドル＝一〇〇円だった円・ドル為替《かわせ》レートが突如として一ドル＝五〇円になれば、日本人にとっては同じ一〇〇円でも、ドルに換算すればいまや二ドルで、購買力は二倍になる。突然、いままでよりも二倍リッチになったとなれば、誰だって金遣いは荒くなる。

おまけに、この時期から日本の金融政策は大幅に緩和された。平たくいえば、超低金利政策がとられたということである。なぜそうしたかといえば、「円高不況」の進行を恐れたからである。海外で物を買ったり、海外から商品を輸入する観点からは、円高は円の使いでを高める有り難い天恵だ。

だが、海外に物を売ろうとすると、円高は瞬時にして売値上昇につながる疫病神だ。この疫病神効果で輸出産業が窮地に陥り、それが波及して日本経済が全体として不況に陥ることを、政府は恐れた。輸出産業ばかりではない。輸入品の値段は円換算でみれば下がるから、輸入品と競争しなければならない商品を売っている企業もやっぱり窮地だ。そこで、金利を下げて企業の資金コスト負担を軽減し、少しでも円高による打撃を和らげようと、金融大緩和政策がとられたのである。

しかもその時、折しも日本で金利の自由化という大変化が進み始めた。それまで日本では金利は規制されていて、銀行が自由勝手に預金金利や貸し出し金利を決めることは出来なかった。だが、これでは余りにもグローバル世間の時流に反していたし、それこそ次第に大国化する日本の経済活動がスムーズに運ばないことが明らかになり始めた。そこで、政府も業界もようやく自由化に向けて重い腰を上げたのがちょうどこのころだったのである。

◆「お願いだからお金を借りて下さい」

金利とは要するにお金の値段だ。値段を自由に決められるとなれば、そこに価格競争が起きる。というわけで、金融大緩和政策と銀行間の低金利競争があいまって、ともかくやたらにお金を借りやすい環境が現出することになったのである。お願いだから手前どもからお金を借りて下さい、お安くしておきますよと銀行が頭を下げる。

そんなにいうなら、というわけで、企業は超金低利融資を受け入れる。借りた以上は、資金を遊ばせておいても仕方がないから、株は買うわ、土地は買うわ、パソコンは買うわ、名画は買うわ、アメリカでビルは買うわ、人は雇うわ、工場は建てるわ……。かくして日本経済の物欲・食欲は限りなく膨らんで行き、パパロッティ症候群が日本中に蔓《まん》延《えん》することとなったのである。銀座に繰り出しては、毎夜毎夜、五〇万円、一〇〇万円という札束を切り、シャンパンの一気飲みにうち興じるにわか金満家急増時代であった。

シャンパンの泡に浮かれるバブル経済の日々に突然の終わりが来たのが、一九九〇年の年頭である。前年の一九八九年末に三万八九一五円と、四万円に文字通りあと一息のところまで舞い上がった日経平均株価が、年が変わったところで暴落し、九〇年三月末には三万円を割り込んだ。かくして、世に「失われた一〇年」といわれるようになった一九九〇年代への幕が開いたのである。

九〇年初めに株価が急落したのは、当時期待されていたアメリカの金利引下げが実施されず、そのために日本でも一段利下げの可能性が遠のいて長期金利が跳ね上がったためだった。お金の値段である金利が上がれば、逆にお金を出して買う株や債券の価値は下がってしまう。そうなると、持っていても値下がりするばかりの株や債券をため込んでいても仕方がないと誰《だれ》もが思う。そこで、目端の利く投資家はどんどん手持ちの資産を売り飛ばし始める。それをみて、出遅れた人々も売りに出る。こうして売りが売りを呼ぶ中で値下がりにどんどん加速がついていく。これが株価暴落のカラクリだ。

借金をして株式投資をやっていた人がたくさんいれば、暴落のペースは一段と過激なものになる。株価がどんどん上がっている時には、誰だって株で一儲《もう》けしたくなる。だが、すっかり高値になった株を買い込むためには元手がいる。そこで元手を融通しましょうという相手がいれば、触手が伸びて当然だ。その借金で買った株が大きく値を上げれば、即座に大金持ちだから借金を返すのはわけもない。折から金利も超格安となれば、誘惑に負けるのは人情というものだ。

だが、そんな調子で浮かれていたただ中に株価が暴落すれば一大事だ。損が大きくなり過ぎないうちに、手持ちの株を売り払って現金化しておかなければ、借金の返済は絶望的だ。家でも担保に入れての借金であれば、一夜にして宿無しとなる。そこでわれもわれもと株式市場に押しかけていた投資家たちが、今度は雪崩《なだれ》を打って売り逃げていく。

こうなると、手持ちの株の値上がりを当て込んでどんどん事業を拡張していた企業の経営は行き詰まる。取り引き先からの発注増を見込んで、借金も辞さずで生産能力増強に踏み切っていた下請け事業者は真っ青だ。大も小も、赤字も黒字も、老舗も新参も、元請けも下請けも、全ての企業が戦線縮小を迫られる。こうして、太ったオペラ歌手から痩せゆく弁護士への変身過程が始まったのである。誰もが自らの生き残りに必死となる中で、結局は生き残りに向けての突破口を集団的に閉ざしてしまう。そんな落とし穴に陥っていたのが一九九〇年代の日本経済だった。

◆共倒れの道

ここで、第二章で何回か登場したお米屋さんと醤油《しょうゆ》屋さんを思い出して頂きたい。第二章では二人の間に国境が出来たらどうなるかを考えたのであったが、ここでは、二人とも不幸にして「失われた一〇年」の日本の住人だったとする。お米屋さんは、ご多分にもれず株で一攫千金《いっかくせんきん》の誘惑に負けて巨額の借金を抱えている。ベニスの高利貸し、シャイロックのような怖い人から連日連夜の取り立て攻勢にあって脂汗が絶えない。さすがに胸の肉一ポンドを担保に差し出してはいないとしても、大急ぎでせめて数カ月分の金利相当分くらいは手渡さないと住み慣れた我が家を差し押さえられるくらいの状況にはなっているとしよう。何はともあれ早急に現金を捻出《ねんしゅつ》する必要がある。そこでどうするか。

進退窮まったお米屋さん、涙を呑《の》んで二つの緊急対策を講じる。その一が、一人しかいない従業員を首にすること。その二が、醬油屋さんからの仕入れを止めることである。夜昼となく忠実に務めを果たしてくれた使用人に暇を出すのは断腸の思いだ。だが、路頭に迷わないためには致し方ない。醬油無き生活はとても味気ないし、長い付き合いの醬油屋さんには会わせる顔がない。だが、背に腹は代えられない。無念ながらも、コスト削減で当座の借金返済に対応する。

これは非情ながらも合理的な行動だ。ところが、それを敢行してみたところで、お米屋さんはとんでもないことに気がつくことになる。それというのも、悲痛な思いで首を切った従業員が誰かといえば、その人は、かの醬油屋さんにほかならなかったのである。

しかも、お米屋さんにとって、たった一件の取り引き先がこの醤油屋さんなのである。となれば、大悲劇だ。お米屋さんは、人員削減と食費切り詰めによるコストダウンで返済資金の捻出を図ったつもりが、お米を買ってくれる唯一のお客さんを破滅に追い込んで、まるで商売が成り立たない状況を自分で作り出すことになったわけである。これでお米屋さんと醤油屋さんは共倒れ。貸し金を取りたて損ねた高利貸しも、結局は倒産の憂き目をみることになりかねない。

巨大な日本経済にあって、唯一の従業員すなわち唯一のお客様ということはまずあり得ない。だが、自己防衛のための取り引き先や従業員の切り捨てが一般化すると、結果は同じことである。

企業はコスト削減と生産性向上を目指して人員削減と無駄無し仕入れを徹底する。いわゆるリストラだ。売上げが伸びなくなる一方、借金は返さなければならないという状態に陥れば、これは理にかなった対応だ。だが、たくさんの企業がこれをやればやるほど、リストラされて失業者になる人、失業はしないまでも月給が減ったり上がらなくなったりする人が増えることになる。そういう境遇になった人々は物を買わない。買いたくても買えないし、多少ゆとりがある人でも、先行きのことが心配だからバブル時代とは一転したケチケチ節約態勢に入ってしまう。すると、企業の売上げはますます伸びなくなるから、ますますリストラを強化しなければならず、それが一段のケチケチさを招くことになってしまう。

これが一九九〇年代、特に九〇年代後半の日本経済だった。その間、銀行は銀行で自己防衛的な貸し渋り行動が目立つようになった。八〇年代にはとにかく借りてもらおうと必死になっていたのが、一転して貸し倒れは真っ平ご免ということになり、潮が引くように優良貸し付け先に対してさえも融資継続をいやがり始める。銀行のこの行動変化が信用収縮を通じてさらに事態を悪化させる結果になった。

◆「合成の誤謬」

怖いのは、この間を通じて企業にしろ消費者にしろ銀行にしろ、個別的にみればいずれも生き残るために最も合理的だと考えられる行動を取っていたということだ。それなのに、全体としてみれば、結局はお互いに相手の首を絞めることによる一蓮托生《いちれんたくしょう》につながっていた。お米屋さんの苦肉の策が、醤油屋さんの存続の道を断つことによって我が身の自己破壊につながったのと同じである。このような事態に立ち至る現象を「合成の誤謬《ごびゅう》」という。個別的にみれば合理的な事柄を総合＝合成してみると、とんでもない自滅のコースにつながっている状態である。

合成の誤謬に陥った経済だったからこそ、瘦せゆく病が深化した。その呪縛《じゅばく》を振りほどくためには、前節でみた通り日本経済の三角形の形を修正することが必要だった。合成の誤謬の落とし穴に落ちたそのこと自体が、日本の経済三角形の形が今日性を失いつつあったことを示していた。誰もが我が身にとって良かれと思う動き方が集合的自滅につながる状態ほど恐ろしいものはない。「失われた一〇年」の呪いの本質がそこにあった。太ったオペラ歌手を瘦せゆく弁護士に変身させる力を合成の誤謬はもっている。風と桶屋の関係をそんなバカなと侮っていると、この合成の誤謬の罠《わな》にはまる危険がある。日本の「失われた一〇年」がそれを警告してくれている。

3　フローの日本からストックの日本へ

◆ストック＝貯金、フロー＝稼ぎ

本章第1節で、見えないほど小さくなった日本の経済三角形について書いた。その時に、経済大国ニッポンの経済活動三角形がそんなに小さいわけはないだろうと文句をいわれそうだとも書いた。確かにその通り、日本は経済大国だ。だが、あの時は痩せる病に陥っていた。それもまた事実だ。この二つの事実を合わせ考える時に重要な意味をもってくるのが、ストックというものとフローというものとの違いである。

ストックもフローも英語だが、面白いもので、この言い方が存外に英語圏のエコノミストにはピンとこない。ストックとフローを峻別《しゅんべつ》する必要に迫られたことが、彼らの歴史の中であまりなかったからかもしれない。用語の使い方に関する感覚の違いもあるだろう。

それはともかく、この二つの言葉の意味しているところを理解することは必要だ。平たくいえば、両者の違いは「貯金」と「稼ぎ」である。貯金はたくさんあるが、日々の稼ぎはほとんどない人がいる。親から巨額の遺産を相続した金持ちのどら息子のケースが、それだ。逆に、商売上手で日銭稼ぎは大得意だが、付き合いや借金返済で使うお金も多いから、ちっとも貯金が増えない人もいるだろう。前者がストック人間、後者がフロー人間である。同様に、歴史的な蓄えは豊かだが、現状では活力が衰えて年々の成長率が低くなっている経済がストック経済だ。それに対して、歴史が浅く、蓄えもわずかだが、年々の成長率はやたらと高い伸び盛りの経済がフロー経済である。

戦後の日本経済は、随分長い間典型的なフロー経済だった。焼け野原からの出発だから、蓄えなどあるわけがない。個人的にも国としても、無一文からの再スタートである。文字通り、ストック無き経済そのものだった。その代わり、一丸となっての目指せ経済立国だったから、年々の成長率は世界を瞠目させる高さになった。フローでみた日本経済の力強さに、世界の人々が驚嘆した。だが、フローのパワフルさと裏腹の生活環境の貧弱さ、ゆとりなきエコノミック・アニマル・ライフの実態もまた、世界の驚きを喚起したものである。当の日本人たちも、圧倒的なフローの勢いを醸成しながら、ゆとりあるヨーロピアン・ライフやイギリス貴族の優雅なる没落のエレガンスなどに憧《あこが》れる日々が続いた。

◆フロー無きストック大国への変貌

だが、いまや時はめぐって状況は大きく変化した。まさしく、日本は経済大国だ。対外的な借金と世界に日本が貸し付けている債権との収支バランスでみれば、日本は他の国々の追随を許さない純債権額を誇っている。蓄積された富という意味では、世界で一番の金持ち国なのである。ストック大国だ。ただ、それだけにフローをつくり出すペースは落ちている。一九九〇年代の失われた一〇年がもたらした疲弊もある。デフレ定着による体力の低下も効いている。こうした展開に伴う成長力の減退はある。それもさりながら、何はともあれ今の日本経済は成熟経済だ。既に充分に成長している。すっかり大人になった。すっかり大人になったものが、成長しなくなるのは当然だ。かつてのストック無きフロー大国が、いまや、フロー無きストック大国に変貌している。今の日本をみる時、この視点は重要だ。千年一日のごとく、成長だけを追い求めていればいいというものではない。立派な大人となったのに、なおも成長し続けているというのは、むしろ、気味が悪い。中高年の域に達して、引き続き毎日身長が伸びていたら、最終的にどうなってしまうのか。

こうなってくると、面白い現象が一般化してくる。その一つが、外国からやってくる来訪者たちの日本経済に関する第一印象的イメージだ。彼らがまずいわく「デフレ国ニッポンとかいって騒いでいるから、日本がどんな悲惨な状況になっているのかと思って来てみたら、とんでもない。みんないいものを着て、高い車に乗って、グルメな食生活を楽しんでいる。電車はきれいで正確に来るし、巷《ちまた》に物乞《ものご》いはいないし、一体日本のどこに失われたデフレの影があるのか。リッチな国の過剰反応じゃないのか」。

この印象的反応は実によく解る。そこにこそ、ストックとフローの違いがはっきり表れている。日本は経済大国だ。蓄積された富、すなわちストックがとてつもないレベルに達している。だから、たとえ延々と喪失の時が続いても、なお豊かなイメージを保っていられる。

◆タイタニック経済の悲劇

そして、実際に豊かであることは間違いない。来訪者たちの印象記は、その意味で事実を語っている。ただ、豊かな国には、豊かであればこその病弊もまた伴う。日本に関していえば、二つの病が問題だ。その一が前述した「タイタニック経済の悲劇」だ。その二が「豊かさの中の貧困」問題である。順次みていこう。

豊かな日本の経済社会は、かの悲劇の豪華客船、タイタニック号にそっくりだ。筆者がそのように思い始めたのが、一九八〇年代末から一九九〇年代にさしかかり始める頃のことだった。贅《ぜい》を極めた巨大客船はストックの塊だ。船底に穴があいても、そう簡単には沈まない。だが、だからこそ対応が遅れる。抜本改革を要する欠陥の是正に、なかなか手がつかない。

多くの人々がいいものを着て、美味《おい》しいものを食べて、速くて正確な電車に乗って好きなところに何時《いつ》でも移動することが出来る。大きな激震に襲われても、快適さと利便性が直ちに幅広く損なわれるわけではない。だから、どうしても対応がその場しのぎになりがちだ。リーマンショックが押し寄せた時、その矢面に立たされた人々・企業・地域は、直ちに大打撃を受けた。だが、巨大にして豪華なタイタニック経済は、総体としてみれば、ひとまず無事に航海を続けることが出来てしまった。東日本大震災の時にもそうだった。船底近くにいる当事者たちの危機が、なかなか全体的な危機として認識され、共有されない。

タイタニック経済の不感症経済だ。みずからの病や故障になかなか気づかない。気づかないままに、事態は次第に取り返しのつかないところまで行ってしまう。そうした不感症の怖さを、日本の財政状況が最も鮮烈に示しているといえるだろう。財政危機といえば、誰もが直ちに思い浮かべるのがギリシャである。抜本的財政再建か、しからずんば死か。そういう迫られ方をしている。

ところが、ギリシャよりもはるかに深刻な財政赤字と公的債務問題を抱えている日本は、さしあたり、涼しい顔で日々を過ごしている。民間経済の大いなる豊かさが、火の車財政の問題を吸収してしまっているからである。巨大企業は、危機的な赤字部門の一つや二つを抱えていても、高収益部門の黒字で損失を十二分に補うことが出来る。だから、さしあたりは無難に経営を持続させることが出来る。小さくて蓄えも少ない企業には出来ない芸当だ。だが、蓄積の大きさに甘えていると、いかに巨人といえども、最終的には総身に毒が回ることになる。タイタニック号の船底に流れ込んだ冷たい海水が、

やがて巨大船そのものを海底深く引きずり込んだように。

◆豊かさの中の貧困

豊かな国の第二の病弊に目を向けよう。それが「豊かさの中の貧困」問題である。「高ストック・低フロー」状態に到達した今の日本の経済社会は、どのような問題を抱えているのか。端的にいって、それは「豊かさの中の貧困問題」だと筆者は思う。このように豊かな日本であるのに、その只中にホームレスの人々がいる。非正規雇用者たちを巡る過酷な労働環境がある。「格差」という言葉がしばしば人々の口の端に上るようになり、「ワーキングプア」という悲しい言葉も、すっかり馴染《なじ》み深い言葉となってしまった。そしてついに我々は今日的社会問題として、貧困を語るようになっている。

なぜ、このようなことになるのか。答えは簡単だ。我々は、あり余る豊かさを上手く分かち合えていない。そういうことだ。前述の通り、今の日本は、もはや成長を必要としていない。今必要なのは、むしろ分配だ。そのことに、政策も行政も経営も、そろそろ気づいてもらいたい。

4　いよいよ狂う政策の鑑定眼

◆さそりが卵でシッポに犬が

卵とさそりの見誤りを、日本の政策立案者たちは何とたくさん犯し続けてきたことか。その中でも、二〇一二年一二月に発足した安倍政権下の政策運営こそ、その最たる事例だと思う。かの「アベノミクス」なるものだ。ことごとくに、卵とさそりを見間違えた。もっとも、この政策体系に限っていえば、ひょっとすると、そこにあるのは見違いではなくて、意図的な偽装工作であるかもしれない。それが実はさそりだと知りながら、卵にみせかけて人々の前に差し出す。これは相当にタチが悪い。そうではなくて、単純な誤解だとすれば、思い違いにも、ほどがある。いずれにせよ、つける薬がない。

一例をあげよう。安倍政権は、発足とともに盛んに株高と円安を煽《あお》った。それで経済実態に勢いをつけようとした。これは実におかしい。株は、経済実態に勢いがあるから上がるのである。株が高いから経済が元気になるわけではない。円は、経済実態がそれを必然化するから、上がったり下がったりする。その逆ではない。

この場合、彼らはまずは犬とシッポの関係を見誤った。シッポは犬が振るものだ。シッポに犬が振りまわされてはかなわない。ここに第一の問題がある。しかもその上、彼らには、犬を振り回そうとする不埒《ふらち》なシッポが卵形にみえたらしい。株が上がれば誰もがハッピーになる。だから、このシッポは卵形だ。それが彼らの論法だ。だが、経済実態に裏打ちされない株高は、実に危険物だ。まさに、さそりである。理由は二つある。

第一に、根拠無き熱狂は必ず破綻《はたん》にいたる。その時、空疎な熱狂に踊らされた人々は総身に毒が回って断末魔にいたる。しかも第二に、根拠無き熱狂は特に貧者を惑わす。行き詰まる生活を何とか好転させたい。その思いが、持たざる者たちを一か八かのギャンブルにいざなう。熱狂去りし後、彼らこそ、最も決定的なダメージを被る。決して、あぶく銭であぶく銭を増やそうとした投機家たちではない。彼らは、さそりの毒にも、結構、免疫が出来ている。

円安についても、然《しか》りだ。円安という名の卵を割れば、そこから輸出立国に向かう力強き神風が吹き出して来る。彼らはそう考えていたらしい。それが全くないとはいわない。だが、今の日本にとって、円安は三つの意味でやっぱりさそりだ。第一に、今や日本はすっかり輸入依存度の高い経済になっている。原油等々の原材料はもとより、部品・資材や食品を始めとする消費財。それらの多くを輸入するようになっている。したがって、円安が進行すれば、企業の生産コストが上がる。家計にとっても物価上昇で生活が圧迫されることになる。豊かさの中の貧困にあえぐ人々にとっては、死活問題となるかもしれない。

第二に、日本のように豊かで成熟度が高い国が自国通貨の価値を意図的に下落させようとすることは、品位に欠ける。品位に欠けることをすると、顰蹙《ひんしゅく》を買う。あんな大国が、こんなことまでやるのか。そう思われると、グローバル世間から愛想をつかされる。愛想をつかされても、顰蹙を買っても、得が出ればそれでいい。そういう考え方もあるだろう。だが、結局は、そうは問屋が卸さない。なぜなら、「あいつがああ来るなら仕方がない。我々も同じことをやらないと、してやられる」誰もがそう言いだして、それぞれに自国通貨安を追求し始めればどうなるか。結果は明らかだ。底なしの自国通貨安売り合戦が始まる。そして、誰も得をすることが出来ない。

第三に、望みがかなうことほど、恐ろしいことは無い。思い通りに円安を実現出来たつもりでいるうちに、次第に円安に歯止めがかからなくなる恐れがある。あんな風に自国通貨安を追求する国の通貨は、信用ならない。いつ紙屑《くず》になるか解らない。そう考えて、世界が円から逃げて行く。そうなってしまえば、実際に円は紙屑になる。

◆日本経済は出来の悪いホットプレート

政策の誤謬はまだまだある。デフレ解消にはバブルが効く。バブルでデフレを退治しよう。このところ、どうも、そのような感覚が政策を支配している観が濃厚だ。どうかすると、このバブルをもってデフレを退治しようとするやり方を、「リフレ政策」だと見なす傾向さえ出て来てしまった。これこそ、大いなる誤謬の極みだ。

リフレとは、すなわちリフレーションだ。萎《しぼ》んでしまった経済活動を再び膨らます。そういうことだ。これと、経済のバブル化を煽ることはまるで違う。デフレの最中でも、バブルは起こる。失業率が高くて、人々の賃金は上がらず、生産も盛り上がらない。そのような中でも、カネが余っていれば投機は起きる。不動産や金の値段が急騰する場面はある。むしろ、生産的な投資のタネが見当たらない時こそ、バブリーな方面にカネが流れるということがある。そんな風にしてカネの回転速度がいくら上がっても、縮んでしまった経済活動が順調に拡大する保証は無い。

特に、今の日本経済の場合がそうだ。豊かさの中の貧困経済は、さながら出来の悪いホットプレートのごとしだ。全体に均等に熱が伝わらない。ある部分はただちに過熱する。だが、一方にはいつまで経っても冷たいまま取り残されて行く部分がある。インスタント過熱エリアに野菜やお肉を載せれば、あっという間に焼き上がる。コールドスポットの方では、何も状況が変わらない。そうこうするうちに、ホットスポットの方では、焼き上がりから焦げつきの段階へと事態が動く。焦げつきが嵩《こう》じれば、いずれ、ホットプレートそのものが壊れる。こうなれば、ホットプレートを破棄するほかはない。結局のところ、コールドスポットの方も、さんざん冷たい思いをした挙句、ホットスポットと一蓮托生でオシャカにされる。

こんな悲惨なことはない。豊かさの中の貧困にあえぐ人々は、いつでも冷たい思いをしている。バブル化で過熱して行く世界を遠目にみながら、冷たさを噛《か》み締め続ける。

やがて過熱が破綻に至れば、その時の衝撃だけは、凍てつく世界にも等しく及ぶ。

誤謬無き政策が目指すべきことは、ホットプレートそのものを修繕することである。ホットスポットとコールドスポットとの落差を解消する。全体に、ほどよく熱が伝わるようにする。これぞ、賢き政策の仕事だ。

第四章　グローバル・ジャングルの住人たち

日本の状況を一渡りみたところで、いよいよ地球経済全体に視野を広げてみよう。我々が住んでいるグローバル・ジャングルというこの場所には、一体、どんな生き物たちが住んでいるのだろう。彼らの生態は、どのようなものなのか。なぜ、そうなっているのか。これから、どうなりそうなのか。

1　かつての王者、今は何者？　～アメリカはいずこへ

◆パックス・アメリカーナ誕生

かつて、米ドルは世界の基軸通貨だった。通貨の王様である。王様通貨の輝きが最も力強かった時、パックス・アメリカーナ、すなわちアメリカによる平和という言葉がよく使われた。アメリカの突出して強い国力によって世界平和が維持されているという趣

旨である。そもそもの語源がパックス・ロマーナで、ローマ帝国の栄華と繁栄をそう称した。それになぞらえて大英帝国によるパックス・ブリタニカが謳《うた》われ、パックス・アメリカーナへと引き継がれることになったのである。

パックス・アメリカーナの通貨的枠組みとして、一九四四年にIMF（国際通貨基金）が創設された。この体制の下では、ドル以外の他のすべての通貨の価値がドルとの関係で固定されていた。一ドル＝三六〇円の時代である。一ドルはどこに行っても一ドルだが、他の通貨の価値はドルとの相対関係で決められる。当時のドルは、通貨的太陽系の中の太陽の位置づけにあった。そのドルの強さは、第二次世界大戦直後という時代の世界情勢を反映していた。日本とドイツは戦争に負け、勝者となった連合国側の欧州諸国も、疲弊し切って国力はどん底状態だ。一人、概して無傷のアメリカが突出した体力で戦後世界に君臨する。それが当時の勢力構図だった。

ドルを軸とする固定為替《かわせ》相場制度は、この勢力構図を反映して出来あがったものだ。だが、それだけではない。そこには、ドル一人勝ちの構図を裏付けるもう一つのカラクリがあった。

そのカラクリを支えていたのが、世界中の通貨の中で、唯一ドルだけに金との交換性があるという事実であった。金一オンス＝三五ドル。いついかなる場合においても、どの誰《だれ》でも、アメリカにドルを持ち込めば、この交換比率で手持ちのドルを金に替えてもらえる。この約束事があるから、ドルは世界に冠たるオールマイティ通貨、いわゆる基軸通貨としての地位をほしいままにすることが出来た。

当時のドルは、その意味で紙切れではなかった。木の葉の化身にあらず、形を変えた金にほかならなかった。だからこそ、誰もがドルを欲しがったのである。そもそも、第二次大戦前夜の一九三〇年代前半まで、各国の通貨は国際金本位制という体制の下におかれていた。ドルのみならず、主要国の通貨がいずれも金との関係でその価値を定められていた。各国通貨の金との交換比率を金平価といった。

だが、第一次世界大戦で体力を消耗し、新興工業国アメリカとの競争に敗退する中で欧州各国は金平価を維持することが出来なくなっていった。国力が弱まっていく国々の通貨は、それこそいつ紙切れになるか分からない。そうした状況になると、通貨の代わりに金そのものによる支払いが要求され、どんどん国外に金が流出していってしまう。

やがては、金準備が底を尽き、固定的な平価で自国通貨を金に交換することは出来なくなる。こうなってしまえば、金本位制は維持不可能だ。

◆頼みの綱だったアメリカの無駄遣い

かくして、第二次大戦を経た段階で金本位を続けられるだけの体力を保持していたのは、一人アメリカだけになっていた。そこで、唯一の金本位国、アメリカを軸とする固定為替相場制度の仕組みが出来上がったのである。この仕組みがうまく機能している限りにおいて、ドルはまさしく通貨中の通貨であり、窮極の支払い手段であった。

だから、アメリカだけが、外貨準備の懐具合を気にせずに世界中から物を買いまくることが出来た。実際問題として、アメリカに物を買ってもらわなければ世界の他の国々は経済が立ち行かなかった。しかも、アメリカが赤字を気にせずドルをばら撒《ま》いてくれればくれるほど、そのドルをため込むことで対米輸出国たちの支払い能力は高まるわけだから、アメリカの散財を世界中が有り難がったのである。

だが、世界が無駄遣いのアメリカを救世主とあがめているうちに、少しずつ状況は変わっていった。落ち込んでいた日本や欧州の体力もやがては回復に向かった。特に日本の戦後復興がめざましかったことは指摘するまでもない。アメリカに物を輸出する力もどんどんついた。するとアメリカの対外赤字はさらに膨らむ。そして、要はアメリカに対する支払い請求権であるドルが日本や欧州の産業・企業の手元にどんどん蓄積されていく。

初めのうちは、誰もがそれで大喜びだ。希少価値のドルの手持ち量が増えるのだから、こんなに心強いことはない。だが、何事も過ぎたるは及ばざるがごとし。お宝のドルも、あまり豊富になってくると輝きを失う。手元にドルがじゃぶじゃぶ状態になると、ふと、人々は大変なことに気づき始めた。ドルはドルだから貴重なりではない。唯一の金本位通貨だからこそ、貴重なのである。一オンス＝三五ドル。この交換比率で金に換えてもらえる保証があるから、ドルという名の請求権、要はツケがたまることを人々は恐れない。むしろ、お大尽のアメリカに対して請求権がたまっていくことを歓迎する。

だが、もし、アメリカの金のお蔵が実は空っぽだったらどうするか。世の中に出回っているドルの量と、アメリカの倉庫の中にある金の量との関係が大きくドル超過の方向に崩れてしまっていたらどうなるか。この不安を世界の人々が持ったとたんに、アメリカの金本位体制は崩壊の下り坂を一気に転がり落ち始めるのであった。アメリカに対して、借金返せ、金よこせの声が世界中で沸き上がり、基軸通貨ドルの屋台骨に容赦なく揺さぶりをかけ出した。

こうなっては、もう後がない。取りつけに見舞われた銀行と同じことである。ついには一九七一年八月一五日、ニクソン・ショックの呼び名で歴史に残るアメリカの決断が下された。この日をもってドルの金交換は停止され、ドルも普通の通貨になった。そして今日にいたっている。

◆自画像が描けなくなったアメリカ

ドルが太陽通貨ではなくなった今、アメリカはどんな国になっているのだろう。これは、なかなか難しいテーマだ。実をいうと、アメリカ自身がその辺をあまりよく解ってはいない。鏡の中の自分がみえない。それが、今のアメリカではなかろうか。筆者には、そのように思える。

人間、とかく自分のことはよく解らない。大学でゼミなどを担当していると、それを実《まこと》に実感する。自分の発表がどんなにシドロモドロな学生さんでも、仲間の発表にコメントする時には、賢さ一杯になる。それが悪いと言っているわけではない。大いに結構だ。それがあるからこそ、ゼミの会合は重要だ。自分のことはさておき、人の研究の前進に少しでも貢献しよう。少しでも気づいたことを言ってあげよう。その姿勢で支え合ってこそ、一人では到達出来ないゴールにたどり着ける。

国々の間でも、同じことであるはずだ。いずれの国も、他の国々に肖像画を描いてもらうといい。そこに映し出された自分の姿と、自画像とのギャップの中に、きっと自分の真像が見えて来るはずだ。

今のアメリカが描くべき自らの真像とは、いかなるものか。端的にいって、それは一人では生きて行けない自分の姿だと思う。そもそも、この地球経済上においては、誰も、一人では生きて行けないのである。誰もが誰かの助けを借り、誰もが誰かの助け手となり、お互いに支え合いながら生きて行く。それがグローバル・ジャングルの最も本源的な掟《おきて》なのだと思う。この点については、本書の最終場面で改めて立ち戻る必要があるだろう。

かつて、グローバル・ジャングルがまだその姿を現さず、世がパックス・アメリカーナ時代だった段階では、アメリカは一人で生きて行ける国だった。アメリカだけが、一人で生きて行ける国だった。だからこそ、パックス・アメリカーナの称号が受け入れられもしたわけである。アメリカにとって良いことは、その他大勢にとっても良いことだ。そのように誰もが認識せざるを得なかった。だから、その他大勢が皆、アメリカの繁栄を望み、その繁栄の大樹の陰で安泰な日々を送ることを目論《もくろ》んだ。だから、アメリカはひたすら自分にとって良いことだけを追求していれば良かった。

だが、いまや状況は変わった。アメリカもまた、地球経済の成り行きに振り回される。ドル相場の行方《ゆくえ》にしろ、アメリカ経済の好不調にしろ、金融政策が目指すべき方向にしろ、アメリカが一方的に方向を定められることは何もない。四方八方、目配り気配りしなければ動けない。それが現実だ。

アメリカはこうする。だから、お前ら勝手について来い。そういえていた時代の幻想が、アメリカの今日的自画像をまだまだ強く彩りがちだ。

◆「早過ぎ男」だったか、オバマ大統領

一人では生きて行けなくなったアメリカ。そのイメージが一番よくみえていたのが、ひょっとするとバラク・オバマ氏かもしれない。第四十四代アメリカ大統領。アメリカ史上、初の黒人大統領として、その就任は、それこそ地球的な注目と期待を集めた。

ところが、鳴物入りで誕生したオバマ政権も、どうも、その後のパフォーマンスがぱっとしない。当初こそ、やることなすこと、全てが新鮮なイメージで、人々の思いを大いに掻《か》き立てた。だが、次第に言葉に行動が着いていかなくなり、突破力が低下した。迷走感が前面に出るようになってしまった。辛《かろ》うじて二期目の任期を確保はしたものの、そのことによって、目覚ましく実行力が強まるという展開にもなりはしなかった。

なぜ、こういうことになるのだろう。どうも不思議で、あれこれ考え続けて来た。その中で、思いついたことが一つある。それは、オバマ氏が早過ぎた男だったのかもしれないということである。

皆さんは、文学者の大江健三郎氏をご存知だろう。ノーベル賞作家だ。彼の作品に

『遅れてきた青年』というのがある。皇国ニッポンのために命を落とすはずが、それに間に合わなかった。時代は彼を取り残して先に進んで行ってしまった。それに対して、オバマ大統領には、どうも「早く来過ぎた青年」のイメージがある。「青年」というには少々とうが立ち過ぎているが、それはともかく、彼が打ち出したアメリカ観は、少し時代を先取りし過ぎていたのかもしれない。外から見ていれば、決してそんなことはなかったと思う。だが、自分が見えない者たちが描く内なる自画像の世界においては、オバマ氏が提示したアメリカの姿があまりにも新し過ぎて違和感が強すぎた。だから、当初の熱気がさめると、オバマさんについて行けなくなってくる。そういうことではなかったか。

オバマ氏が提示したアメリカのイメージとは、いかなるものだったか。それぞ、まさしく、一人では生きて行けないアメリカの姿だったと思う。世界に抱かれ、世界と共に生きるアメリカ。二〇〇九年、初の大統領就任演説において、彼はそうしたアメリカの姿を打ち出した。一国主義のアメリカではない。多くの国々と共に歩むアメリカ。それを標榜《ひょうぼう》した。

それだけではない。アメリカ人同士の間においても、オバマ氏は分かち合いと支え合いの構図が広がることを目指していたと思う。だからこそ、彼は医療保険制度の思い切った改革を打ち出した。「オバマケア」と呼ばれるようになった国民皆保険制度の確立に、彼は大いに力を入れた。

だが、それに対するアメリカ国民の抵抗は予想外に強かった。政府がお仕着せて来る保険制度などは要らない。どういうサービスを受けたいかは自分で選ぶ。自律的選択の余地のない保険制度など、社会主義だ。いや、全体主義だ。オバマはヒットラーか。そんな言い方さえ、飛び出す始末だった。自力更生が好きなアメリカ魂にとって、分かち合いと支え合いの医療保険制度は、あまりにも新薬であり過ぎた。

思えば、オバマ氏の大統領就任当初、筆者は、彼が「不本意男」化することを懸念していた。いいことを言っている。時代感覚も正しい。視野もグローバルだ。大いに結構。そう思いつつ、抵抗勢力の妨害が心配だった。結局のところ、彼は「不本意ながら」、「不本意ながら」と繰り返しつつ、自分が打ち出した方向とは違うところに引っ張られていくのではないか。それが気掛かりだった。

今、改めて思う。「不本意男」化問題の背景には、実は「早過ぎ男」問題があった。これは、とても残念なことだ。オバマ氏に、もう一息、時代を自分が居る場所に引き寄せる力があれば、そこから、二一世紀の新しいアメリカ像が浮かび上がって来たはずだ。アメリカの自画像は、その今日的真像にまだまだ到達していない。

2　一人は一人のため、皆も一人のため？　～分裂する欧州経済

◆遅れて来たユーロ

前項で取り上げた『遅れてきた青年』で、名誉の戦死を遂げることを夢見た少年。その夢は終戦とともに揉《も》み消されてしまう。遅れてきた彼は、みずからをくずだときめつける。

統合欧州もまた、遅れてきた存在だ。筆者はそう思う。東西冷戦に向かって動き出す戦後の時代状況の中で、政治家たちが恒久平和を念願したところから、統合欧州への歩みが始まった。その思いは貴重だ。だが、その統合の流れが単一通貨ユーロの誕生で一

つの大きな区切りに到達した時、冷戦体制は既に過去のものとなっていた。

こうしてみれば、ユーロという通貨はいわば浦島太郎だ。いよいよステージ・デヴューとなった時、舞台の背景も装置も小道具も、そもそも、芝居のシナリオさえもが、出番待ちの間とは様変わりのものになっていたのである。この新たなパフォーマンス環境に、首尾よく適応出来るか。スタート当初から、それが問われ続けて今日に至っている。それが浦島太郎通貨、ユーロの歩みだ。

そして、この浦島太郎君、これまでのところ、高度な適応力を発揮して来たとはとうてい言えない。すっかり時代適合性を失ったオリジナル台本に、こだわり続けたままである。そのことが、経済圏としてのユーロ通貨圏を次第に窮地に追い込んでいる。それが現状だ。

まずは、出発点にさかのぼろう。「欧州に対して与えるべき助言はただ一言、『統合すべし』である」。全ては、この第一声から始まった。ウィンストン・チャーチルの言葉だ。チャーチルは、誰よりも先に欧州合衆国（a United States of Europe）という言葉を口にした。その意味で、この頑固者の独善家、非欧州的イギリスの最たる象徴ともいうべき大政治家こそ、統合欧州のイメージ・メーカーとして決定的な役割を果たした人物だったのである。

第二次大戦終結直後の欧州においては、当然ながら、誰もが戦争再発回避を悲願としていた。もっとあからさまにいえば、独仏間において二度と再び戦火が巻き起こらないことを切望していた。そのための枠組みの出現を念願していたのである。そのような枠組みとはいかなるものか。それはすなわち、欧州をひとつの大きな運命共同体に仕立て上げられるシステムだ。すなわち統合欧州である。戦後欧州の政治指導者たちは、そう考えたのであった。

かくして、欧州における統合深化のプロセスは、平和の定着を願う政治の意志によってその第一歩を踏み出した。いみじくも、EC（欧州共同体：当時）委員会の初代委員長となったウォルター・ハルシュタインは、「欧州共同体のビジネス（仕事）はビジネスではない。政治がそのビジネスだ（The business of the Community is politics, not business）」といった。政治統合のプロセスにおいては、あくまでも政治的理念の達成が経済的効用の追求に優先するという趣旨である。欧州統合を主導してきた人々の中では、一貫してこの発想が支配的な位置を占めてきた。

そのプロセスが、二〇世紀最後の場面で一つの重要な到達点を迎えた。一九九九年一月、単一通貨ユーロ誕生のその時である。通貨統合というテーマが、初めて具体的な形で欧州統合論議の俎上《そじょう》にのぼったのは、一九七〇年代初頭のことだ。一九五七年、欧州統合の出発点となったローマ条約締結の時点でも、すでに単一通貨化の構想がひとつの目標として提示されてはいた。だが、その段階では、通貨統合はなお遠い将来に展望される統合欧州理想郷のひとつの形として認識されるに止まっていた。

それが、一九七〇年代を迎える時点では、「ウェルナー委員会報告」という名の具体的な提案の姿を取ることになる。ルクセンブルクのウェルナー首相の下で取りまとめられたこの提言の中において、初めて、EMU（Economic and Monetary Union）という言葉が使われている。単一通貨の導入こそ、積極的には打ち出していないものの、そこには、欧州各国通貨間の為替関係を恒久的に固定することが、最終目標として明示されている。ウェルナー報告から三〇年余りの歳月を経て、ようやくひとつの通貨を共有するユーロ経済圏が誕生することになった。そしてその時、上述の通り、ユーロは既にして浦島太郎通貨と化していた。発売と同時に消費期限切れ。そんな感じである。果たして鮮度を取り戻せるか。それが、問われ続けるユーロ圏だ。

◆小さく生まれて大きく育ち過ぎた統合欧州

話がいきなりユーロに向かって先走り過ぎた。統合欧州の全体図を踏まえておく必要がある。今日のEU（欧州連合）には二八カ国の国々が所属している。そのうち、一八カ国がユーロを導入している。この現状に至るプロセスをざっくり振り返れば、次の通りである。

欧州統合の最初の一歩は、一九五一年のECSC（欧州石炭鉄鋼共同体）結成だった。ECSC構成国はドイツ・フランス・イタリア、そして一足先の一九四七年に関税同盟を結成していたベネルクス三国だった。石炭と鉄鋼という基幹産業を共同管理下においてしまうことによって、その支配権を巡る争いが三度目の大戦につながるのを防止しようという構想であった。

そして一九五七年、ECSC六カ国は、さらにEEC（欧州経済共同体）とEURAT

ＯＭ（欧州原子力共同体）を結成することで合意する。そのために締結されたのがローマ条約だ。一九六七年にはこの三つの共同体を一本化することで、ＥＣすなわち欧州共同体が誕生することになる。

　ＥＣ誕生から六年後の一九七三年、イギリス、デンマーク、アイルランドの三国がその新規加盟国となった。しかしその前に、イギリスは、大陸勢主導の統合欧州に呑《の》み込まれることを嫌い、ＥＣの向こうを張って一九六〇年にＥＦＴＡ（欧州自由貿易連合。イギリス、オーストリア、スイス、デンマーク、ノルウェー、スウェーデン、ポルトガルの七カ国で発足）を結成した。そうしておきながら、ＥＣ経済の成長性に期待が持てそうだとなるや、早くも一九六一年からＥＣ加盟に向けての交渉を開始した。ここが何とも実利主義のイギリスらしい。だが、そんなイギリス流をフランスのドゴール将軍に嫌われて加盟交渉は進展せず、結局のところ彼の退陣を待ってようやくのＥＣ入りにこぎつけたのが、一九七三年のことだった。アイルランドはイギリスと命運をともにする決断を下し、デンマークも盟主不在となったＥＦＴＡよりも、上げ潮に乗るＥＣの一員となる道を選んだ。

その後、一九八〇年代に入ってまずは一九八一年にギリシャがEC入りし、続いて一九八六年にスペインとポルトガルが加盟した。かくして一二カ国となった陣立てをもって、ECはヒト・モノ・カネに関してバリアフリーの単一市場の完成、そして単一通貨導入に向けての道筋を明記した「マーストリヒト条約」の締結を目指すことになる。マーストリヒト条約が発効した一九九三年一一月一日をもって、ECはEUすなわち欧州連合に「昇格」した。

マーストリヒト条約の発効に先立つこと八カ月、九三年の二月からEFTA加盟（当時）四カ国、スウェーデン・フィンランド・ノルウェー、そしてオーストリアとの拡大交渉が始まった。交渉は一年をかけて進められ、九四年三月に終了した。

これを受けて、九四年を通じて各国が順次EU加盟に関する国民投票を実施、オーストリア、フィンランド、スウェーデンで加盟賛成票が多数を占めた。これに対して、従来から反EU感情が根強く北海油田効果で経済的自立への自信も深まったノルウェーの国民投票は、加盟拒否の結果に終わった。こうして、九五年一月から一五カ国体制によるEUが発足することになったのである。

さらに、二〇〇四年には加盟国が一気に一〇カ国増えた。東欧八カ国（チェコ・ポーランド・ハンガリー・スロバキア・スロベニア・リトアニア・ラトビア・エストニア）に地中海の二つの小さな島国、マルタとキプロスという顔ぶれだった。そして二〇〇七年にはブルガリアとルーマニア、さらに二〇一三年にはクロアチアが加盟している。こうして、EUは今や二八カ国の所帯となっている。そのうち、ユーロを採用しているユーロ圏諸国は一八カ国である。その顔ぶれも列記しておけば、次の通りだ。ドイツ・フランス・イタリア・オランダ・ベルギー・ルクセンブルク・アイルランド・フィンランド・オーストリア・スロバキア・スロベニア・エストニア・ラトビア・スペイン・ポルトガル・ギリシャ・マルタ・キプロス。

さかのぼれば、六カ国で発足した統合欧州だ。ベネルクス関税同盟まで立ち戻れば、大元は、小さな小さな三カ国の肩の寄せ合いである。それが、いまや二八カ国の統合欧州となっている。そのうち、一八カ国が単一通貨を共有している。この大家族化をどうみるか。そもそも、これを家族といえるか。どう考えても、寄り合い所帯と言った方が正確だろう。個性も体質も文化も違う。こうした中で、どこに求心力の核を求めるのか。

かつては、戦争回避が共通認識の軸心だった。だが、この印籠《いんろう》を押し出《いだ》せば、誰もが平身低頭する時代ではなくなってきた。このこと自体が、残念にして実に恐ろしいことだ。だが、この憂うべき現実を直視することもまた、必要だ。

未決の課題もある。第一に、東欧に向かってのさらに一段の拡大に、どこまで力を入れるのか。実をいえば、統合欧州の求心力は、いまや、その内部においてよりも、むしろその東の外側に向かって、より強く働くようになっている。セルビアがボスニアがアルバニアが、そしてウクライナがグルジアが、何とかロシアの影響下から、統合欧州の懐の中に駆け込みたがっている。第二の課題がトルコである。イスラム圏との懸け橋役として、トルコに大きな期待を委《ゆだ》ねるのか。キリスト教圏の純血を優先するのか。トルコの加盟はトルコの欧州化をもたらすのか。欧州のイスラム化につながるのか。悩みとうろたえの種は尽きない。

認識の体系をどう進化させるか。深化から進化へ。この飛躍を成し遂げられてこそ、平和の礎としての統合欧州の「真価」が輝く。

◆欧州債務危機が意味するもの

遅れて来た青年だった統合欧州も、その後、随分と年輪を重ねた。ローマ条約締結時の一九五七年を起点とすれば、六〇周年も視野に入りつつある。この歳月の中で、実に様々な変転が生じた。それにも拘わらず、前述の通り、どうしても当初の基本設計へのこだわりを捨てられない。それが統合欧州の最大の問題点だ。こだわりを引きずる中で、およそ想定外だった問題の数々が生じて来た。その一つが、「欧州債務危機」という言い方で語られるようになった問題点である。

欧州債務危機。いまや、この言い方を、我々はごく当たり前のように使うようになっている。そして、この欧州債務危機は、概《おおむ》ね峠を越えつつある。この発想が、かなりの程度までコンセンサスを形成しつつある。本稿執筆時点での現状は、ざっとこんなところだろう。だが、そもそも欧州債務危機とは何か。そして、それは果たして峠を越えたといえるのか。

「欧州よ、統合せよ」とウィンストン・チャーチルが呼びかけた時、彼の頭のほんの片隅にでも、このような危機を展望する認識が芽生えていたか。それは無いだろう。そもそも、このような危機をもたらすような統合は、チャーチルの発想の中になかったのだと思う。これが、我が呼びかけの行き着くところだったのか。こんなはずじゃなかった。草葉の陰の御大のうめき声が聞こえる。

ユーロ圏の国々が、概ね二〇〇九年以降、次々と財政破綻《はたん》寸前の状況に陥って来た。ギリシャとアイルランドを皮きりに、ポルトガルが、スペインが、そしてキプロスが、相次いで深刻な財政難に陥った。こうした一連の展開を、総称して欧州債務危機あるいはユーロ圏の債務危機と呼ぶ。

これら諸国が抱え込んだ財政難は、確かに深刻だ。放置していれば、債務不履行に陥って身動きが取れなくなるところだった。その恐れは、極めて現実的なものだった。今でも、ことの本質に変わりはない。ただ、ここで改めて問い直すべきことが一つある。それは、そもそもなぜ、これらの国々の問題を集合的に「欧州債務危機」と呼ばなければいけないのか、ということである。

国々が債務危機に陥るという現象は、何も欧州に固有のものではない。特定の国を巡って債務不履行騒動が出来《しゅったい》するのも、今に始まったことではない。財政破綻を問題にするのであれば、最大の危機に直面しているのは日本だ。アメリカもまた、大きな財政危機との背中合わせが日常茶飯事《さはんじ》だ。それなのに、上記の諸国の財政破綻問題をなぜ「欧州債務危機」と総称するのか。この問いかけに対する解答はいうまでもない。それはユーロ圏があるからだ。

問題の諸国がユーロ圏に所属していなければ、彼らの財政難は彼らの問題だ。あくまでも、ギリシャがスペインがキプロスが、それぞれ個別的に対処すべきテーマである。むろん、世はグローバル時代であるから、何事も、対岸の火事というわけにはいかない。だが、ユーロという通貨的な絆《きずな》があるばかりに、グローバル時代の一般論を超えて、南欧諸国の財政破綻を「欧州債務危機」として、意識しなければいけない。

債務危機諸国の問題をユーロ圏の問題として受け止めなければ、ユーロという通貨への信認が消えてなくなる。そしてユーロ圏そのものが崩壊する。それが目に見えている。だから、一人の危機を皆の危機として受け止めなければならないのである。

一人は皆のため。皆は一人のため。本来なら、これほど麗しい精神はない。だが、これも、一人がそれぞれのやり方で生き、皆がそれぞれのやり方で一人を支えてこそ、成り立つ麗しさだ。多様な経済的個性を持つ国々が、一つの通貨を共有する。お仕着せワンサイズの政策体系に身を合わせることを強いられる。こんな窮屈な状況の中では、人助けも思うようには出来ない。

一人は皆のため、皆は一人のための関係は、一人も皆も自由に振る舞うことが出来ればこそ、成り立つ関係だ。お仕着せワンサイズの下では、誰もが無理を強いられる。ドイツはイヤイヤながら、支援のためのカネを出す。債務危機諸国は、イヤイヤながら、辛《つら》い財政再建を我慢する。そして、双方に憤懣《ふんまん》が鬱積し続ける。

こんな有様の下で、欧州債務危機が峠を越えることは決してない。この点との関係で、忘れてはいけないことが一つある。それは、ECB（欧州中央銀行）がいわば体を張って、債務危機の蔓延《まんえん》を食い止めているということだ。いざとなれば、いくらでも、ECBが財政破綻寸前諸国の国債を買いましょう。マリオ・ドラギECB総裁がそのように宣言した。これがあるから、危機が遠のいたようにみえている。これほどのモラルハザードは無い。

中央銀行たるもの、このようなことを仕事にし始めたら、終わりである。中央銀行は、通貨価値の番人だ。目配りが鋭くて、小うるさい。頑固で気難しくてうっとうしい。服装チェック、お行儀チェック、手荷物チェック。素行検査が厳しいお目付け役でなければならない。それが、物わかりのいい借金の肩代わり役と化してしまう。これが、進化なら、統合欧州も、もはやこれまで。

3　新種の住人たちの生態は？

◆生育途上のグローバル・ジャングル

かつての王者のアメリカも、浦島太郎の統合欧州も、そして成長から成熟への道をたどる我らの日本も、グローバル・ジャングルの古き住人たちだ。正確にいえば、グローバル・ジャングルの出現以前から、経済活動の主役級を張っていた。だからこそ、グローバル化した舞台の上は、どうも居心地が悪い。勝手が違う。やり難い。彼らの所作からは、何かにつけて、そんな雰囲気が漂い出て来る。

そんな古顔たちに対して、グローバル・ジャングルには、新手のメンバーたちも住んでいる。もっとも、彼らもまた、厳密にいえば完璧な新手ではない。従来から存在はしていた。だが、かつては、往年のスターたちの陰に隠れて目立たなかった。あるいは、まだまだ年端も行かず、自我も芽生えず、独り立ちしていなかった。そんな新種の住人たちが、次第にグローバル・ジャングルの舞台中央にポジションを取るようになっている。本節では、彼らに焦点を当ててみたい。

ところで、賢明なる読者の皆さんにおかれては、この辺りで少し気になり始めておいでのことがあるかなと推察する。それは、筆者が何の説明もなくお断りもなく、グローバル・ジャングルという言葉をやたらと使っているという点だ。確かに、これは話の進め方が少々おかしい。本来ならば、グローバル・ジャングルとは一体何かをまず説明しておかなければならない。そこがどのような場所なのかを踏まえた上で、その住人たちの生態に目を移して行く。まずは、これがまっとうなやり方だ。それは承知している。

だが、このテーマに関する限り、この正攻法の話の運び方がどうもやり難い。なぜなら、グローバル・ジャングルがどのような場所であるかは、その住人たちがどのような生態を示し、どのように進化していくかに依存しているからだ。後述する通り、グローバル・ジャングルはまだ若いジャングルだ。ようやく、成人式がすんだくらいの年ごろである。したがって、まだまだ生育途上だ。その成熟過程も、行き着く先も、そして寿命自体が、その住人たちの生き様いかんによってこれから決まる。

こんな具合なので、どうしても、通常の正攻法では話が進めにくい。そこで、グローバル・ジャングルの構造解析はちょっとひとまずおいたまま、ここは、引き続きその住人たちに注目し続けることをお許し頂ければ幸いである。

◆頭文字にはご用心

グローバル・ジャングルの新住人たちには、ざっくり分けて二つのタイプがある。まずは、それぞれに名前をつけてみよう。いずれも頭文字名前だ。その一がEM、その二がBOPである。この頭文字シリーズを皆さんはどう謎《なぞ》解きされるだろうか。

実をいえば、筆者はそもそも頭文字用語というものがあまり好きではない。それなら、なぜ、ここで頭文字名前を持ち出すのか。さだめし、そう思われることだろう。これには、理由がある。それは、世の中には、説明抜きで独り歩きする頭文字用語が結構多いということだ。これがどうも気に食わない。だからこそ、頭文字用語が嫌いなわけだ。

中には、そもそも、頭文字用語であることが、すっかり忘れられてしまっている用語もある。例えば、DVDがそうだ。そのまま、完全に日常用語化している。LEDもそうだ。iPS細胞などという用語も、iとPとSが、それぞれ何を意味するかということについて、結構、説明抜きのまま独り歩きしている。意味の確認なく、独り歩きする用語にはご用心だ。うかうか使っていると、詐欺にひっかかったりするかもしれない。「これ、LED電球です。」とか、「これDVDです。」などと言って、想定しているのとは似ても似つかないものを売りつけられたら、どうするか。「何しろ、iPS技術を使った画期的治療法です。どうぞご安心を。」などと言われて、とんでもないやぶ医者療治に身を任せることになっては大変だ。

ここで、ふと思い出してしまうのが、江戸の昔の見世物小屋だ。「さあさあ、よってらっしゃい、みてらっしゃい。世にも稀《まれ》なオオイタチだ。これをみないじゃぁ、江戸っ子の名折れだよ」。そんな呼び込みについつい引き寄せられて、中に入ってしまう。すると、そこにあるのは大きな板切れ一枚。その上に血がべっとりとついている。はい、これでオオイタチ。「この野郎、だましゃぁがったな。木戸銭返せ！」などといくら叫んでも、後の祭りだ。中身を勝手に思い込んだ方が悪い。そういうことになってしまう。ことほどさように、経済的謎解きを目指す我らは、頭文字詐欺の餌食《えじき》となるようではいけない。そのような観点からの自省の意味も込めて、ここは敢えて頭文字名前にこだわってみた。なお、DVDやLEDやiPSについて、それぞれのフルネームにご関心の向きは是非、自力でご探索を！

◆EMな人々

というわけで、まずは、EMから行こう。EMとは何か。ヨーロピアン・モード？エレクトロニック・マネー？　エコノミック・モンスター？　いやいや、さにあらず。EMとは、すなわちEmerging Marketsである。“emerge”は、「出現する」とか「湧《わ》き出す」、あるいは「台頭する」という意味を持つ言葉だ。したがって、emerging marketsといえば、「新たに出現した市場」、「台頭しつつある市場」というようなことになる。日本語でいえば、新興経済あるいは新興諸国だ。

発展途上国ではない。だが、先進国だともいえない。そして、何といっても勢いがある。育ちざかり、伸び盛りのルーキーたち。新参者だが、そのエネルギッシュさがまぶしい。うらやましくもある。Emerging Marketsというフレーズには、このようなイメージが込められている。その意味で、なかなか言い得て妙なEmerging Marketsなのだが、最近では、これをEMと略してしまったままで使う新聞報道などが見受けられるようになっている。これはやっぱりまずいだろう。一体何がどうEMなのか。それをすっかりさておいて、話が展開するようになるのは良くない。思考停止につながる。思考停止状態では、謎解きは出来ない。やたらと略語で話をすることは、やはりなるべく避けるべきだと思うのである。要するに、グローバル・ジャングルの中における元気な若手組。それがEMすなわち新興諸国だ。

EMたちは、どのような顔ぶれの人々なのか。これにも諸説あるが、例えばIMF（これも頭文字用語だ！　念のために申し上げておけば、IMFはInternational Monetary Fundすなわち国際通貨基金である）は次の二五カ国を新興諸国と定義している。

EM
BOP
アメリカ
EU

アルゼンチン・ブラジル・ブルガリア・チリ・中国・コロンビア・エストニア・ハンガリー・インド・インドネシア・ラトビア・リトアニア・マレーシア・メキシコ・パキスタン・ペルー・フィリピン・ポーランド・ルーマニア・ロシア・南アフリカ・タイ・トルコ・ウクライナ・ベネズエラ

むろん、このリストは流動的だ。この中から、EMレベルを卒業して、先進国の仲間入りをして行く国々もあるだろう。次項でみるBOPの中から、EMレベルに「昇格」して来る国々もあるだろう。いずれにせよ、このリストから、EMな人々のおよそのイメージをつかんで頂けたらと思う。

ちなみに、これら新興諸国の中から一部の国々をピックアップする形で、いろんな呼び名が生まれている。このやり方のさきがけとなったのが、BRICsだ。これぞ、まさしく頭文字用語だ。ブラジル・ロシア・インド・中国の四カ国の頭文字を並べて、レンガの「ブリック(brick)」に音合わせ的になぞらえた。ゴールドマン・サックス社の元会長、ジム・オニール氏の発案になる。「新興諸国こそ、グローバル経済の土台を構成するレンガ・ブロックだ」という感じの掛け言葉として、このBRICsを打ち出した。これは、なかなかお上手だ。語呂合わせの良さが奏功して、今や、なかば経済用語化している。

その後、BRICs人気にあやかって、ほかにも、様々な新興諸国関連の頭文字語呂合わせ言葉が誕生している。例えば、MINT。これは、メキシコ・インドネシア・ナイジェリア・トルコだ。VISTAなどというのもある。こっちはベトナム・インドネシア・南アフリカ・トルコ・アルゼンチンだ。ここまで来ると、国々を言い表すための語呂合わせか、語呂合わせのための国々選びなのかが解らなくなる。少々悪乗りだ。いずれにせよ、何かにつけて、話題を呼ぶEMな人々である。

◆カネの流れに翻弄されるEMたち

EMな人々の勢いは、グローバル・ジャングルの活力だ。だが、一方で彼らはグローバル・ジャングルの駆け出し組でもある。それだけに、脆《もろ》いところもある。古株たちの動きに翻弄《ほんろう》される面がある。ある時は、デフレにあえぐ成熟先進諸国から、新興諸国をめがけてやたらにカネが流れ込んだ。そのカラクリは次の通りだ。

デフレ解消を目指して、先進諸国が金融を緩和する。つまりは、政策が意図的にカネ余り状態を作り出すわけだ。カネが余れば、金利は下がる。日本の場合のように、ゼロ金利になってしまう場合もある。そのような世界で、いくら投資をしたり、貯金をしても、金利がゼロでは全く儲《もう》からない。そんな場所にカネを置いて行くのは、ばかばかしいだけだ。そこで、先進諸国の余りガネは、しっかり金利が稼げる行き先を探す。ここが、グローバル・ジャングルの従来とは異なるところだ。ヒト・モノ・カネが容易に国境を越える。国内でカネを増やせば、増えたカネが国内で回るとは限らない。ヒョイと国境を越えて、より高い収益が得られる場所に飛んで行ってしまう。

先進諸国の余りガネが行く先を物色し出した時、ただちに目についたのが、育ち盛り、伸び盛りの新興諸国だった。育ち盛りだから、彼らの食欲ならぬ資金欲は旺盛《おうせい》だ。それを満たしてあげれば、高い金利が手に入る。それを狙《ねら》って、グローバル・ジャングルの旧住人たちの手元から新住人たちの手元へと、カネがどんどん流れて行った。そのおかげで、新住人たちの経済はブームに沸き、やがてバブルに狂乱する展開となった。

ところが、その後、先進諸国が金融緩和の収束に向かう気配を示しだすと、今度は一転して、カネの逆流が始まった。皆さんはアマゾン川の「ポロロッカ」をご存じだろう。潮の干満に影響されて、川が逆流する現象だ。他の地域でもみられるが、アマゾン川バージョンがつとに有名だ。アマゾン川はブラジルを流れる。そして、ブラジルはBRICsの一角を形成している。面白いものだ。グローバル・ジャングルの中を、経済版ポロロッカが行く。その後に残るのは、EMたちの夢の跡。カネの洪水去りし後のEMたちは、いかにして、金欠干上がり現象を克服するか。カネの流入超過から、一転してカネの流出超過に頭を抱える状態に追い込まれたのである。

かくして、元気一杯のEMたちといえども、グローバル・ジャングルの中では決して無敵ではあり得ない。中国にしても、グローバル・ジャングルの新王者になったかと思いきや、最近は国内経済の運営に四苦八苦だ。何をやってももてはやされるスターの輝きも、少々衰えて来た。カネの流れ着く先としては、いまや、むしろ、ミャンマーなどの方が大ブレーク中である。グローバル・ジャングルの中を流れるグローバル・マネーのアマゾン川は、いつ、どこで、どんな具合にポロロッカし始めるか解らない。

◆ＢＯＰの悲哀

次の頭文字諸国に移ろう。ＢＯＰである。これは何か。経済用語を少々ご存知の向きは、それはBalance of Payment（国際収支）の略に決まっているだろうが、とおっしゃりたくなるかもしれない。その気持ちはよく解る。確かに、国々の国際収支のことをＢＯＰということがある。だが、ここでみようとしているＢＯＰはそれとは別物だ。こういうことがあるからこそ、頭文字用語にはご用心なのである。

ここでいうＢＯＰはBottom（またはBase）of the Pyramidの頭文字を取った言葉だ。ピラミッドの最底辺部の意だ。経済活動のピラミッドにおいて、最底辺部を構成している人々を指す。グローバル・ジャングルの食物連鎖のピラミッドの中で、その最底辺部に位置する人々だ。いわゆる最貧国たちである。

ＥＭ諸国は、かつて発展途上国だったが、いまや、その域を脱していると見なされる国々だ。それに対して、ＢＯＰを構成する国々は、いまだ、発展途上にあるとさえ言い難い。それだけ貧しく、それだけ過酷な状況を生きていると見なされている。これまた定義は様々だが、人々の一日当たり生活費が二・五〇米ドル未満に止まる国々をBOP諸国と見なすことが一般的になっている。人の頭数としては、世界中でおよそ四〇億人がこの位置づけに甘んじているという。国の顔ぶれとしては、例えば、コンゴ・ブルンジ・ナミビア・ソマリア・エリトリア・ニジェール・マラウィなどがあげられる。多くの場合、民族対立に絡む内戦が絶えない国々でもある。

◆BOPとTOPをどう結びつけるか

彼らがピラミッドの底辺部にいるなら、日本のような裕福な国はピラミッドの頂点部に位置している。Top of the Pyramid だ。文字通り、TOPである。TOPとBOPの格差はあまりにも大きい。BOPのためにTOPは何が出来るか。この点について、もっともっと知恵が湧《わ》き出て来ないと、グローバル・ジャングルも長くはもたないかもしれない。

もっとも、昨今は、BOPがTOPの注目を集めているという面もある。それというのも、TOPの国々において、いわゆるBOPビジネスが注目を集めているからである。

最貧諸国を対象にビジネスを展開するという発想である。先進諸国の市場が成熟し、飽和する中で、あらたな需要の源泉をBOPの人々に求める。そのような考え方に基づいて、新たな商品開発やマーケティング手法が考案されたりしているのである。こうした傾向をどう読むか。BOPの消費者たちを食い物にする悪徳商法か。彼らに、少しでも人間らしく生きる術《すべ》を提供しようとする思いの結晶か。国々による公的援助や、最貧国を対象とするボランティア活動に対して、補完的機能を持つのか、邪魔者なのか。BOPビジネスにも様々なタイプがあって、一概にはいえない。いずれにせよ、TOPとBOPの間をどうつなぐかは、グローバル・ジャングルの今後の生育過程に関わる大きな問題だ。

第五章　グローバル・ジャングルの全体図

前章では、もっぱらグローバル・ジャングルの中に生息する住人たちに焦点を当てた。そこで発見した新旧両住人の生態を踏まえつつ、本章では、前章でもお約束した通り、いよいよグローバル・ジャングルの全体構図に視野を広げて行きたい。

1　グローバル・ジャングルの履歴と歴史的位置づけ

◆グローバル・ジャングルはいつ出現したか

そもそも、我々はいつからグローバル・ジャングルに住んでいるのか。それは、一九九〇年代からのことである。そのきっかけとなったのが、一九八九年におけるベルリンの壁の倒壊だ。あの出来事をもって、東西冷戦体制が終わった。それまで、東西両陣営に分断されていた地球的経済社会が一つになった。だから、グローバル時代が到来した。

これが、グローバル・ジャングルの出現をもたらした歴史の縦糸である。それに、技術的大変革の横糸が加わった。IT時代の到来である。これも、冷戦体制の終焉《しゅうえん》と無縁ではない。軍事技術として機密扱いされていたITの世界が、民間に開放された。そのことに伴って、経済活動もまた、一気に時間と空間の制約から解放された。開放がもたらした解放だった。こうして、誰《だれ》もがみんな、グローバル・ジャングルの住人になった。

以上が、グローバル・ジャングルの履歴に関する最もシンプルな解答だ。これはこれでいい。シンプルがベストだ。ただ、グローバル時代の謎《なぞ》解きに挑もうとする野心的我らとしては、もう一息、広くて厚みのある視野を持ちたいところだ。最もシンプルな答えにばかり飛びついていると、頭の中まで、すっかりシンプルに単純化してしまう。これでは、謎解きの名手にはなれない。本当にそれでいいのか。話の全貌《ぜんぼう》はそれだけか。何か、見落としていることはないか。シンプルな答えで満足する前に、そんな風に問い直してみる。この癖がつくことで、我々は次第に、風と桶《おけ》屋の関係を見抜くことが上手くなって行くのである。経済的謎解きの世界においては、基本的にしつこい人間が勝利を博する。あまり、さっぱりした性格であってはいけない。執念深さが明暗を分ける。

そこで、今一息執念深く、グローバル・ジャングルの出生の秘密に迫ってみると、何が見えるか。何か、見落としていたことはないか。

◆今は第三次グローバル化時代

実は、一つ大きな見落としがある。それは、グローバル時代という時代が、我々地球人類にとって、全くの初物ではないということだ。実をいうと、人類はここまでの歴史の中で、既に一度ならず二度までも、グローバル化という現象を経験しているのである。第一次グローバル化時代が、一五世紀半ばから一七世紀にかけての時期だった。第二次グローバル化は、一八世紀から一九世紀にかけて進んだ。そして、今が第三次グローバル化時代である。

第一次グローバル化時代は、世界史上のいわゆる「大航海時代」だ。その先鞭をつけたのが、ポルトガルのエンリケ「航海王子」だった。彼はアラブの商人たちに東方貿易を独占されることに業《わざ》を煮やした。そこで、直接取り引きの道を開かんと、新航路の発見に乗り出したのだった。エンリケ王子の後に、皆さんもよくご存じのバスコ・ダ・ガマやアメリゴ・ベスプッチが続いた。そして、やがて、かのクリストファー・コロンブスが新大陸を発見する。命知らずの探検航海野郎たちのおかげで、世界地図が塗り替えられて行く時代であった。

続く第二次グローバル化時代は、産業革命の時代でもある。大航海時代を支えた主要な技術は、帆船を用いた航海術だった。帆船の登場によって、人々の行動範囲は大きく広がった。帆船なくして、大航海はあり得なかった。それに対して、第二次グローバル化時代においては、蒸気機関と機械化が経済活動の在り方を大きく変えた。その範囲が広がり、その中身が多様化した。工場で特定の製品が大量生産されるようになった。大量生産された多様な品々が、国々の間でさかんに取り引きされるようになった時代である。イギリスは、もっぱら毛織物の生産に従事する。ポルトガルが、ひたすらワインづくりに徹する。この両者の間で毛織物とワインを交換する取り引きが、両国を大いに潤す。こうした「特化型」の貿易が、この時代に本格的な発展を遂げた。

そして今、我々が第三次グローバル化の時代を生きている。先行した二つのグローバル化の時代と、我々の第三次グローバル化時代を比較して何がいえるか。何がどう違うのか。そこには大きな違いが二つある。それを次項でみておこう。

◆狭くなる地球

第一に、過去の二つのグローバル化時代は、人類に空間的拡大をもたらした。それに対して、我らの第三次グローバル化時代は、人類に時空を超えた短縮をもたらしている。帆船の出現は、人類に文字通り地球が地球であることを教えてくれた。帆船による大航海のおかげで、人々を取り巻く地平は大きく広がった。地平線がはるか彼方《かなた》へと遠のいて行く時代であった。産業革命もまた、人類がより早くより遠くに行くことを可能にした。そして、より多くの物資を、より多様な行く先へと運んでいく道を開いた。歴史的な二つのグローバル化時代は、いずれも人類にとって地球がより大きくなる時代だったといっていい。

それに対して、我らの第三次グローバル化時代において、地球はどうもより小さくなっている。IT技術でつながった我らにとって、今や、どこも遠くはない。むしろ、あまりにも近すぎるくらいだ。リアルタイムで、それこそ地球上のどこで起こっていることも、知り得てしまう。知り得るだけではない。地球のうら側で起こったことが、瞬時にして、我々の日常に影響を及ぼす。同じニュースが、同じタイミングで、地球的経済社会の津々浦々でメディアを賑《にぎ》わす。輸送手段や保存手段の格段の発達、そしてＩＴによるそれらの管理技術が、遠隔地を遠隔地でなくしてしまいつつある。第三次グローバル化時代の世間は、実に狭くなっている。

◆ジャングル化する動物園

昔と今の第二の違いは、グローバル・ジャングルの存在そのものである。今、我々がグローバル・ジャングルの住人になっているというこの点においてこそ、過去の二つのグローバル化時代と今とは、その性格が大きくことなっている。この点と、地球的に世間が狭くなっていることとは、無縁ではない。大いに関係がある。

第一次グローバル化の時代において、グローバル・ジャングルは存在しなかった。そこにあったのは、国々の内部におけるジャングル的混沌《こんとん》だった。経済活動も政治も行政も政策も、まだまだその骨格が確立していなかった。人々は権力闘争に明け暮れていた。

統治機構とか、取り引きのルールとか、いまや、当たり前となっている全てのことが、まだまだ発生期にあった時代だ。

第二次グローバル化時代にはいると、第一次グローバル化時代の混沌に、次第に秩序の枠組みがはめられていくことになった。その秩序の枠組みが、国民国家である。内なるジャングル的混沌を、人々は国民国家という檻《おり》の中に封じ込めて行く。ジャングルから動物園へ。それが第二次グローバル化時代の流れであった。

かつては、みんながそれぞれのジャングルの中に住んでいた。そして、それぞれのジャングルがそれぞれに動物園化していった。やがて、国民国家という名のそれらの動物園たちの間に、国境を越えた取り引きや関わりが形成されていく。すると、国際貿易が生まれ、国際関係とか、国際化というような言葉が使われるようになって行った。第二次グローバル化時代は、大小様々な動物園の確立期であり、それらの個別的動物園の集合体としての国際経済という名の大動物園の形成期だったといえる。

ところが今、この第三次グローバル化時代において、我らは、再び動物園からジャングル化への道をたどっている。ヒト・モノ・カネは国境を越える。国民国家という小動物園の中に、経済活動を封じ込めておくことが出来なくなっている。そうなれば、小動物園の集合体だったはずの大動物園も、おのずと動物園ではあり続けられなくなる。かくして、地球規模のジャングルが姿を現している。それが今だ。

このジャングルは巨大だ。だが、今日的な技術の体系は、その巨大なものを空間的にも時間的にも、狭くすることが出来てしまう。広くて狭いグローバル・ジャングル。その中で、新旧住人たちがひしめき合っている。ひしめき合いながら、支え合うのか。奪い合うのか。檻も塀もないだけに、お付き合いのマナーが問われる。

2 グローバル・ジャングルの基本構造とその危機的現実

前節では、グローバル・ジャングルの出現に至る歴史を概観した。かなりの早歩きになってしまったが、ざっくりした感じをつかめて頂けただろうか。そう願いつつ、次は、その構造的成り立ちに目を転じたい。グローバル・ジャングルは、どのような構成要素によって成り立っているのか。それらの構成要素の相互関係は、どのようになっているのか。

◆グローバル・ジャングルの魂と骨格と血肉

グローバル・ジャングルの構成要素とは、何か。それは、要するに、ヒト・モノ・カネだ。このうち、ヒトの要素については、前章で検討した。新旧両タイプのヒトの生態にフォーカスしたのであった。多様な生態を持つヒトの要素が、モノとカネという他の二つの要素と絡み合う中で、グローバル・ジャングルの日々の風景が醸し出される。

ヒト・モノ・カネの三要素には、それぞれ役割と位置づけがある。ヒトの存在が、グローバル・ジャングルに息吹を吹き込む。そして、骨格を決める。この骨格に膨らみを与え、表情を与えるのが、ヒトがつくり出すモノという名の肉である。そして、ヒトによるモノづくりのスムーズな進行を支えるのが、カネという名の血流の役割だ。ヒトがグローバル・ジャングルに魂を宿らせ、その骨格を形成する。そこにモノとカネによる血肉が加わることで、グローバル・ジャングルは、生命体としての姿形を整える。これが、グローバル・ジャングルのあるべき構造なのだと思う。魂と骨格と血肉とが、うまい具合に調和して、いいあんばいに支え合う。それが出来ている時、グローバル・ジャングルは美しく、豊かに栄える。そういうことだろう。

だが、現実はどうか。どうも、そううまく行っているとは思えない。何といっても、ヒトが魂と骨格だから、その存在感がしっかりしていなければならない。魂なく、骨格なきところに肉と血だけがあっても、どうにもならない。これが悪趣味なホラー話なら、魂と骨を吸い取って、血と肉だけを残していくエイリアンなどというのも、出現する場面があるかもしれない。だが、現実の世の中で、これは気持ちが悪すぎる。

ところが、実際には、グローバル・ジャングルの中で、この不気味なホラー・ストーリーがまかり通っている。そう思えてしまうことが、しばしばある。カネがヒトを振り回す。ヒトがいたずらにモノを奪い合う。そんな光景が、グローバル・ジャングルを何やら不気味で、闇《やみ》深きものにしている。我々の生息地であるこの空間を、もっと健康的で、風通しが良くて、さわやかで、明るい場所に出来ないか。そう思いつつ、今日のグローバル・ジャングルの実態をのぞきみてみよう。

◆カネに振り回されるヒト

皆さんは、リーマンショックをご記憶だろう。二〇〇八年九月一五日、リーマンブラザーズ社が倒産した。アメリカの証券会社だ。そのことの波紋はたちどころにグローバル・ジャングル中に広まった。これだから、第三次グローバル化時代は怖い。国と国との間の国境という名の垣根が、全く防御壁の役割を果たさない。カネの暴走による影響が、国境を越えてモノづくりの足をすくい、ヒトを窮地に追い込んだ。

元はといえば、日本におけるカネ余りが出発点だった。前章の「EMな人々」の項でみたのとよく似た脈絡だった。日本の余りガネが、アメリカをはじめ、世界中にあふれ出た。そのおかげで、それこそグローバル・ジャングルの津々浦々がカネの供給過剰状態に陥った。カネが余っていれば、堅実な投資だけでは収益が稼げない。どうしても、怪しげなハイリスク・ハイリターン投資にカネが集まる展開になった。

そうしたカネの行く先の一つが、「サブプライムローンの証券化商品」なるものだった。当時のリーマンブラザーズが得意としていた金融商品だ。サブプライムローンというのは、借金返済能力が低い人向けの高金利融資だ。この融資債権を切り売りする。それが証券化という手法である。この辺のカラクリを、あまりしっかりご説明申し上げている紙幅がない。残念だ。詳しくは、『グローバル恐慌』（岩波新書）など、他の拙著でご確認頂ければ有難い。

具体的な経緯はさておくとして、リーマンショックの怖さは、それに伴っていかにヒトとモノがカネに振り回されたかというところにある。カネを回していなければヒトじゃない。そんな風に思い込まされた人々が、得体の知れない金融商品を買い込んでしまう。超カネ余り・超低金利の下で、モノづくりに携わるヒトまたヒトが、借りなくてもいいカネを借りて、生産を不必要に拡大して行った。過剰投資と過剰生産がピークに達したところで、宴が終わった。リーマンブラザーズを始めとして、借りたカネを返せず、貸したカネを回収できない金融機関や企業たちが、将棋倒し的に倒産して行く。このドミノ現象が始まってしまえば、世はいわゆる金融恐慌のまっただ中に転落して行く。この転落現象が、グローバル・ジャングル中に広まった。本来であれば、ヒトによるモノづくりを支えるはずのカネ回し。そのカネ回しが、ヒトを躍らせ、モノづくりを狂わせた。

しかも、前述の通り、世間がすっかり狭くなった第三次グローバル化時代においては、この波紋の広がり方が計り知れない。堰《せき》止めるための時間的ゆとりもない。時空を超えて一体化したグローバル・ジャングルの中を、カネがひたすら暴走した。ヒトとモノを呑《の》みこみ、引きずり、キリキリ舞いさせながら。

◆モノを奪い合うヒト

「自由貿易こそ、戦争に対する至高の防波堤なり」。貿易理論の大家、ヤグディシュ・バグワッティがこういっている。全くその通りだと思う。お互いに、相手が必要としているモノを提供し合う。そのことによって、国々はお互いにとって不可欠の存在となる。そのような関係によって結ばれている人々の間で、戦争が起こるはずがない。かくして、自由な貿易は平和の礎となる。そのような貿易は、究極の分かち合いだ。そのような形でモノを分かち合えるヒト同士の間で、いがみ合いが起こるはずはない。

ところが、自由貿易という言葉は、グローバル・ジャングルの中において、どうも、とかく誤解されがちだ。国境を越えた自由なモノの取り引きは、ヒトを不幸にする。そのように思われがちだ。自由貿易の名の下に、海外から粗悪な安モノが国内になだれ込んで来る。そして、国内の生産者を圧迫する。人々の健康を危険にさらす。労働者たちから職を奪う。そのようにいわれる。

確かに、実態的にみれば、そのようになっている場合がある。だが、なぜそうなるかといえば、それは、自由貿易を標榜《ひょうぼう》しつつ、実はルール違反の身勝手貿易が行われているからだ。自由だということは、何をしてもいいということではない。人々がお互いに相手の自由を尊重する。それが、人々が等しく自由であるための基本原理だ。この基本原理に忠実であろうとして、第二次大戦後において国々は真に自由な貿易体制を確立するために、三つの原則に合意した。それが、自由・無差別・互恵の原則である。無差別とは、相手によって態度を変えない、分け隔てをしない、選《え》り好みをしないということだ。相手を選ばず、差別することなく、自由な取り引きを行う。そして、そのことが互恵すなわちお互いに恩恵を施すことにつながることをもって、旨とする。これが、血で血を洗う二つの世界大戦を経て、人々が生み出した貿易取り引きに関する知恵だった。

あのいまわしい二つの戦争に挟まれた時代においては、貿易は自由でも無差別でも互恵的でもなかった。国々は市場を囲い込み、奪い取り合った。我が国の市場を、他国に荒らされることは断じて許さない。国内市場の周りには、高い関税の壁を張りめぐらせて、鼠《ねずみ》一匹どころか、米一粒だって、侵入は許さない。その一方で、安売りのごり押しで他国の市場は蚕食する。安売りがダメなら、恫喝《どうかつ》をもってしてでも、相手の市場をこじ開けてやる。植民地主義と貿易上の権益確保が、不気味な一致をみる時代であった。そして、こうしたヒトによるモノの市場の奪い合いは、最終的にはヒトとヒトとの殺し合いへとなだれ込んでしまった。だからこそ、戦後において、国々は自由・無差別・互恵の原則をもって、殺し合いに至る奪い合いを回避しようと決意した。

◆悪夢の帳再び?

奪い合いが殺し合いを引き寄せる。そんな悪夢が、グローバル・ジャングルの中で現実になるとは、思いたくない。だが、油断は禁物だ。

前節でみた通り、グローバル・ジャングルには檻も塀もない。国民国家の存在感が希薄になっている。国境が、防壁としても堤防としても、頼りにならない。そのことが、国々の政策責任者たちを焦らせる。国々の国民を不安にさせる。そうなればなるほど、国々は、国境無きグローバル・ジャングルに対して反撃に出たくなる。市場を囲い込み、籠城《ろうじょう》的に立てこもり、よそ者を排除する方向に動きたくなる。気の合う同士だけで集まって、仲間はずれをつくろうとする。

これはすなわち、差別的な行動だ。自由・無差別・互恵の原則とは相容《あいい》れない。相手を特定し、地域を限定する。このような貿易のやり方は、バグワッティ先生が提唱する平和のための貿易ではない。だが、今日のグローバル・ジャングルの中では、このルール違反の行動がかなり蔓延《まんえん》し始めてしまっている。

自由・無差別・互恵の理念を標榜するのが、WTOだ。おっと、またまた、頭文字用語が出て来てしまった。WTOはWorld Trade Organizationすなわち世界貿易機関だ。その加盟国は一五九カ国。一九九五年に発足したグローバル組織だが、その前身であるGATT（General Agreement on Tariffs and Trade: 関税と貿易に関する一般協定）の歴史は、一九四八年にさかのぼる。両者について詳述するには、これまた紙幅が足りない。ご関心の向きは、もう一つの拙著、『誰も書かなかった世界経済の真実——地球経済は再び斬り刻まれる』（アスコム社刊）などをご覧頂ければ幸いだ。

あまり、自著の宣伝ばかりしていてはいけない。それはともかく、我らがグローバル・ジャングルには、自由・無差別・互恵の立派な番人として、ＷＴＯが存在する。ところが、この番人の目をくらまして、妙なヤカラが出現してしまっている。そのルール違反行動によって、ヒトによるモノの奪い合いが再発し、そのダークな帳《とばり》がグローバル・ジャングルを覆うことになりかねない。それが心配な今日この頃なのである。

問題の妙なヤカラに、これまた、頭文字名前がある。総称と個別名称に分かれる。総称がＦＴＡだ。個別名称には、色々ある。昨今、最も注目を集めているのがＴＰＰだ。ほかに、ＮＡＦＴＡなどがある。ＡＦＴＡというのもある。ＥＦＴＡもある。ＥＦＴＡは前述したように結成から五〇年以上経っている。

◆頭文字軍団の問題点

さて、ここまで来れば、何はともあれ、一連の頭文字名前の種明かしをしなければならない。先刻ご承知の皆さんも多いと思う。該当の方々はどうぞご容赦を。

ＦＴＡはFree Trade Agreementの頭文字だ。いわゆる「自由貿易協定」である。だが、これはあくまでも「いわゆる」であって、筆者は、そもそもここのネーミング自体が、看板に偽りありなのだと考えている。自由貿易協定とは名ばかり。FTAの実体は、地域限定排他協定にほかならない。常々、筆者はそのように考えて来た。相手限定・地域特定は、自由・無差別・互恵の原則に対する明確な違反行為だ。そのような貿易のやり方を「自由貿易」とはしゃらくさい。そんなことをいうやつらは、束になってかかって来るがいい。全員、刺身にしてやるぜ。本書のプロローグにご登場頂いた三船敏郎扮する用心棒の浪人さんなら、きっとそういうに違いない。腐っても鯛《たい》である。原理原則に忠実なWTOに対して、自由貿易協定とは名ばかりの排他組織であるFTA軍団はタチの悪い雑魚集団だ。

雑魚集団の代表格の一つが、TPPだ。Trans Pacific Partnership協定だ。どこがパートナーシップなのだろう。要は、同床異夢の連中による市場の分捕り合戦だ。NAFTAはNorth American Free Trade Agreementだ。北米自由貿易協定である。これをベースに、やがてAFTAをつくるという構想もある。FTAAすなわち「Free Trade Area of the Americasだ。南北両アメリカ横断型のFTAをつくろうという発想だ。

この調子でFTA網を拡大していけば、結局のところ、汎グローバル的な自由貿易が実現するのじゃないか。それこそ、WTOが達成出来ていない理想の実現にほかならないんじゃないの？　そのような言い方もある。だが、これはいかにもご都合主義だ。地域限定排他型の約束がいくら増えても、その総和として、自由・無差別・互恵の全方位的自由貿易は実現しない。そんな詭弁《きべん》を真に受けてしまっていれば、そのうちに、グローバル・ジャングルはどんどん、切り刻まれる。切り刻まれたジャングルに、豊かな生態系は成り立たない。滅びあるのみだ。砂漠化が待っている。

3　グローバル・ジャングルの内なるよそ者たち

ここで、第四章を少し振り返って頂きたい。そこで、グローバル・ジャングルの新住人たちを取り上げた。実をいうと、そこで取り上げるべきか否か、かなり迷った種族がいる。迷ったあげく、結局、新住人の節で取り上げることは見送った。なぜかといえば、この連中を果たしてグローバル・ジャングルの住人だといえるかどうかに疑問をもったからである。この疑問は払拭出来ない。だが、それでも、やっぱり無視しない方がいい。

彼らを見て見ぬ振りをしていると、グローバル・ジャングルの実像は見えてこない。今、改めてそう思う。そこで、以下に彼らを登場させたい。

この際、彼らにもまた、頭文字名前をつけよう。それはRSである。

◆RSは誰のこと?

RSとは一体何か。種明かしをしよう。Rはリッチ(rich)だ。そしてSはスタン(stan)である。リッチはご存知の通りだ。お金持ちの意である。豊かな人々を指す。スタンは、国を意味する。アフガニスタンとか、パキスタンとか、タジキスタンなどという時の「スタン」である。かくして、リッチスタンは「金持ち国」ということになる。

もとより、リッチスタンなどという国が実在するわけではない。国連加盟国の中にも、オリンピック参加国の中にも、このような名前の国は含まれていない。リッチスタンは造語であり、リッチスタンは仮想国である。ロバート・フランクという人物が、この名前を発明者だ。フランク氏はアメリカのジャーナリストである。経済紙、ウォールストリート・ジャーナル紙の記者だった時に、このネーミングを思いついた。それは、富裕層の資産運用についてルポを書いている時のことだった。

世界の富裕層は、彼らにしか、住むことの出来ない目に見えない国に住んでいる。彼らリッチスタンの住人たちは、みんな、ともかく金持ちだ。スーパーリッチ族である。百万長者など、ほんの駆け出し。億万長者で何とか辛うじて一人前。そんな感じだ。国境を股にかけた儲け仕事で、財を成し、成功の果実を満喫している。起業家あり、発明家あり、金融工学屋あり。クリエーターあり。プロデューサーあり。中には、いかにして巨万の富を築いたか、どうもよく解らない人々もいる。グローバル・ジャングルが生んだエキゾチックで得体の知れないあだ花たち。それがリッチスタン人である。彼らに国境は無い。

◆何でもかんでも「コンシェルジュ」

実力で、巨万の富を稼ぎ出した。その自負が、リッチスタン人たちの特徴だ。誰の力も借りていない。誰にも世話になる必要はない。こんな風に考える仮想国家人たちの出現は、既存の現実国家にとって、大きな脅威だ。なぜなら、仮想国家人たちは、現実国家に帰属することに何のメリットも感じない。医療も教育も、護身のための武力でさえも、彼らは、自分たちのカネで買えてしまう。最高水準のサービスを独り占め出来るのである。

例えば、彼らはいわゆる「コンシェルジュ・メディスン」の大口利用者だ。コンシェルジュはご存知の通りだ。ホテルでコンシェルジュといえば、よろず承りの相談相手だ。どこに行って何を食べればいいか。たちどころに教えてくれる。テーブルの予約もしてくれる。超人気のコンサートやミュージカルやお芝居をみたい。そういえば、即座に席を確保してくれる。緊急対応を要する仕事上の相談にも、顔色一つ変えずに応じてくれる。あなたのためのスーパー・サービス・プロバイダー。それがコンシェルジュだ。「コンシェルジュ・メディスン」のメディスンは「医療」の意だ。あなたのためのスーパー・医療サービスプロバイダー業。それが「コンシェルジュ・メディスン」である。それこそ、iPS細胞でも何でも使って、最先端の治療を施してくれる。ひょっとすると、注文に応じて不老長寿の秘薬だって調合してくれるかもしれない。「コンシェルジュ・メディスン」は二四時間対応だ。待ち時間など、この世界には存在しない。リッチスタン人たちの富をもってすれば、このような医療サービスを買い占めることが出来るのである。

そんな彼らだから、要は何でも「コンシェルジュ化」出来てしまう。コンシェルジュ教育。コンシェルジュ消防。コンシェルジュ発電。コンシェルジュ給排水。コンシェルジュ防衛。通常、これら一連のサービスは個人ではなかなか手当出来ない。だから、いわゆる公益事業として、国や自治体などの行政がこれらのサービスを万人のために供給する。もっとも、防衛などというサービスは、出来ることなら不要にしたい。人々が平和裏に共存し、自己防衛のことなど、誰も心配する必要のない世の中が来て欲しいものである。だが、残念ながら、現実においてはまだ防衛も公益サービスの中に列記しておかなければならない。

それはさておき、要するにリッチスタン人たちは、公益サービスを私物化することが出来てしまうのである。行政の助けを必要としないのである。

◆税金は誰のため、何のため?

前述したように、このような仮想国家人たちの出現は、既存の現実国家にとって、大きな脅威だ。なぜなら、仮想国家人たちは、現実国家に帰属することに何のメリットも感じない。全てのサービスを自前で取り揃えることが出来てしまうのであるから、国にも自治体にも世話にはならない。世話にならないものに対して義理はない。提供されていないサービスのためにカネを払う必要はない。何でも自力で出来る我々が、なぜ、既存の国々や市町村に税金を納めなければならないのか。そう考えるリッチスタン人たちは、どんどん租税回避地に大集合して行く。

彼らの気持ちも、解《わか》らないではない。ちなみに、次のようなことを言った人がいる。「強い酒にはご用心である。飲むと、徴税人たちに向けて発砲し、しかも、打ち損じることになるからだ」。その人の名は、ロバート・A・ハインラインだ。ハインラインはご承知の通りだ。アメリカを代表するSF作家である。

さすがは、シャープな空想科学小説家である。実にコンパクトに、実に勘所を押さえて、税金というものに関する人々の思いを表現している。自分のカネは自分のカネだ。自分のカネは、自分と自分にとって大切な人々のために使いたい。我々のポケットに手を突っ込んで、政府がカネを巻き上げるとは、何事か。いずれも、至極もっともな人間的心情だ。いわんや、行政に何の支援も得ていないことを自負するリッチスタン人であれば、なおのこと、こう言いたくなるだろう。

なお、ここで、彼らの名誉のために一言、言っておこう。何も、リッチスタン人たちが全てガリガリ亡者のケチケチ野郎たちだというわけではない。慈善事業に熱心だったり、せっせと惜し気なく、たくさん寄付をしている人々もいる。

それはそれでいい。立派なことだ。だが、だから、それでいいと本当にいえるのか。リッチスタン人的考え方には、どうも、一つひっかかるところがある。それは、有償性へのこだわりだ。見返りがしっかり見えないことのためには、カネを出さない。そういうところが気になる。寄付はする。だが、それはあくまでも自分の気に入ったチャリティーに限る。自分のカネがどう使われてどのような成果をあげたのか。それを一対一の対応関係で確認したい。それがなければ、カネは出せない。

この度量の狭さが、どうもグローバル・ジャングルの良き住人にふさわしくない。そう思うのである。仮想は所詮、幻想だ。共生のグローバル時代を、誰も一人では生きて行けない。情けは人のためならず。最強のリッチスタン人も、最弱の既存国家人に助けられる時が来るかもしれない。自分のためではない公益のためにも、カネを出す。その心意気がないと、共生の仲間には入れない。リッチスタンという名のあだ花は、根無し草だ。過信は立ち枯れに繋がる。

第五章の末尾で、用心棒の浪人さんに再登場をお願いした。そこで言及した「刺身にしてやる」という言い方には、若干の補足説明を要するかもしれない。もとより、黒澤映画に通じている訳知りの皆さんには蛇足ではある。そこはご容赦頂きながら、念のためいえば、このセリフは、用心棒の先生が本来ならば刀を持っているべきところ、諸般の事情で包丁しか手に入らない場面で出て来る。前後の事情は、それこそDVD（何の略か、ご調査いただけましたか？）で確認して頂きたいが、要は、刀の代わりに包丁しかないとなれば、「刺身にしてやる」と来る当意即妙さが、何ともいえない。

これくらいの臨機応変なしたたかさと茶目っ気があってこそ、初めて、我々はグローバル・ジャングルにおける風と桶《おけ》屋の関係を謎《なぞ》解きすることが出来る。そう思うのである。さらにいえば、これくらいのしたたかさと大らかさがなければ、グローバル・ジャングルの中におけるヒトの復権はないのだと思う。

第五章で言及した通り、ヒト・モノ・カネによって構成されるグローバル・ジャングルにおいて、本来の主導権はヒトにあるはずだ。ヒトによるモノづくりを支えるカネ回し。この三位一体が機能する中で、グローバル・ジャングルはその最も麗しい姿を現す。そのはずなのだが、現実問題としてみれば、ヒト・モノ・カネどころか、カネ・モノ・ヒトの関係が支配してしまう。今日のグローバル・ジャングルにおいては、いかんながら、この力学が強く働いている。

ヒト・モノ・カネが正しい順序だ。ところが、今は、これが完全に逆転している。いかにして、正しい関係を復元させるか。この課題が我々の前に提示されている。経済活動は人間の営みだ。人間の営みが人間を痛めつけるはずはない。逆に言えば、人間を痛めつけるような活動は経済活動ではない。ここが肝心なところだ。人間と経済は、決して対峙《たいじ》する関係にあるわけではない。しょせん、経済が前面に出れば、人間は引っ込まざるを得ない。経済効率を追求すれば、人権は踏みにじられる。そのように考えてはいけない。地球経済のまわり方はそのようなものではない。そのようなことでは、地球経済はまわらない。そこを我々が妥協してしまうと、グローバル・ジャングルは砂漠化する。

グローバル・ジャングルが、これからどう育ち上がって行くか。それは全く我々次第だ。我々は、ややもすれば「経済」とか「市場」とか「企業」とか「政治」という言葉に、それぞれ何やら独立の「人格」があるような言い方をする。だが、これはおかしい。経済も市場も企業も政治も、それを動かしているのは人間だ。人間の心意気がまともなら、これらの全てがまともになる。すると、地球経済のまわり方もまともなものになって行く。不逞《ふてい》のヤカラは刺身にしてくれん。これがグローバル・ジャングルの住人基本心得だ。その心意気がグローバル・ジャングルを救う。

ちくまプリマー新書213
地球経済《ちきゅうけいざい》のまわり方《かた》
二〇一四年四月十日　初版第一刷発行

著者　浜矩子（はま・のりこ）
装幀　クラフト・エヴィング商會
発行者　熊沢敏之
発行所　株式会社筑摩書房
東京都台東区蔵前二-五-三　〒一一一-八七五五
振替〇〇一六〇-八-四一二三
印刷・製本　中央精版印刷株式会社

ISBN978-4-480-68914-6 C0233 Printed in Japan

乱丁・落丁本の場合は、左記宛にご送付下さい。
送料小社負担でお取り替えいたします。
ご注文・お問い合わせも左記へお願いします。
〒三三一-八五〇七　さいたま市北区櫛引町二-六〇四
筑摩書房サービスセンター　電話〇四八-六五一-〇〇五三